Hugo Müller-Vogg

Jedes Volk hat die Regierung, die es verdient!

Hugo Müller-Vogg

JEDES VOLK HAT DIE REGIERUNG, DIE ES VERDIENT!

Warum die Große Koalition
keine großen Ziele verfolgt

MURMANN
MURMANN PUBLISHERS

Dieses Buch wurde klimaneutral produziert:

Print CO2 kompensiert
Id-Nr. 1441042
www.bvdm-online.de

FSC
www.fsc.org
MIX
Papier aus verantwortungsvollen Quellen
FSC® C106847

Bibliografische Information der Deutschen Nationalbibliothek
Die Deutsche Nationalbibliothek verzeichnet diese Publikation in der Deutschen Nationalbibliografie; detaillierte bibliografische Daten sind im Internet über http://dnb.d-nb.de abrufbar.

Herstellung, Umschlaggestaltung, Layout und Satz:
Murmann Verlag
Druck und Bindung: freiburger graphische betriebe, Freiburg
Printed in Germany

ISBN 978-3-86774-375-4

Besuchen Sie uns im Internet: www.murmann-verlag.de
Ihre Meinung zu diesem Buch interessiert uns!
Zuschriften bitte an **info@murmann-verlag.de**
Den Newsletter des Murmann Verlages können Sie anfordern unter
newsletter@murmann-verlag.de

Inhalt

ZU DIESEM BUCH

Deutschland 2014 – ein Sommermärchen. Da spielt die Tatsache, dass »WIR« Fußballweltmeister geworden sind, noch nicht einmal die entscheidende Rolle. Der WM-Sieg war eher die Kirsche auf der Sahnetorte. Nein, Deutschland steht gut da und den Deutschen geht es gut – so gut, wie schon lange nicht mehr.

Die Wirtschaft brummt, der Export läuft auf Hochtouren, die Löhne sind stark gestiegen, mehr Männer und Frauen als jemals zuvor haben Arbeit – und die allermeisten einen regulären, sozialversicherungspflichtigen Job. Selten beurteilten mehr Menschen ihre wirtschaftliche Lage besser als in der Mitte des Jahres 2014. Selbst die Konjunkturforscher trauen der deutschen Volkswirtschaft solide Wachstumsraten zu, sofern nicht eine außenpolitische Krise oder währungspolitische Verwerfungen alle Vorhersagen zunichtemachen.

Da überrascht es nicht, dass sich die Deutschen, jedenfalls die ganz große Mehrheit, von der Großen Koalition aus CDU, SPD und CSU gut regiert fühlen, nicht zuletzt von Angela Merkel. Wenn ausländische Magazine die Kanzlerin regelmäßig zur mächtigsten Frau der Welt küren, hält man das im eigenen Land im Grunde für selbstverständlich. Schließlich geht in Europa nichts ohne die deutsche Kanzlerin.

Gerade in außenpolitisch unruhigen Zeiten vertrauen die Bürger der Kanzlerin von der CDU, ebenso Außenminister

Frank-Walter Steinmeier (SPD). Ihr Handeln in der Krise um Krim und Ukraine trifft auf Zustimmung. Sie lassen den russischen Präsidenten Putin spüren, dass er mit dem Feuer spielt. Aber sie lassen sich nicht dazu verleiten, ihrerseits Öl ins Feuer zu gießen. In Brüssel achtet Berlin sehr darauf, dass unsere nationalen Interessen gewahrt werden. Die anderen sollen sich ein Beispiel an uns nehmen: Ohne Reformen keine Hilfe. Auch das kommt bei den Menschen »draußen im Lande« gut an.

Die Bundeskanzlerin dramatisiert nicht, sie emotionalisiert nicht, sie will keine Ideologie durchsetzen, keine Visionen verwirklichen. Ihr geht es darum, Probleme zu lösen – nicht mehr und nicht weniger. Angela Merkel und die Große Koalition erfüllen die Erwartung der Wähler an »die Politik« nahezu perfekt: »Wir erwarten von euch, dass ihr uns ordentlich regiert, euch nicht ständig streitet und im Übrigen dafür sorgt, dass alles so bleibt, wie es ist. Und ein paar neue staatliche Wohltaten nehmen wir gerne mit. Man gönnt sich ja sonst nichts.« Allenfalls die Drohung, es könnte in der eigenen Umgebung ein neues Einkaufscenter, ein neuer Bahnhof oder eine Stromtrasse gebaut werden, stört die Idylle.

Deutschland steht gut da – und die Regierung ebenfalls. Die ersten Großtaten der schwarz-roten Koalition stoßen allenthalben auf breite Zustimmung. Der gesetzliche Mindestlohn, die Mütterrente, die Rente mit 63, die Mietpreisbremse, mehr Geld für Bildung und Forschung – da stimmen jeweils um die 80 Prozent zu. Wird Demokratie, also Herrschaft des Volkes, so definiert, dass die Gewählten die Erwartungen ihrer Wähler mehr oder weniger eins zu eins umsetzen, dann kommt die Bundesrepublik 2014 dem demokratischen Ideal recht nahe.

Deutschland geht es gut – und in diesem Land ist auch vieles gut. Darf man diese Idylle stören? Ja, das muss man sogar. Denn die »GroKo« verwaltet das Land mehr als sie es politisch gestaltet – ohne reformerischen Ehrgeiz. Die Bemühungen um einen ausgeglichenen Haushalt verdienen Respekt. Gleichzeitig gibt diese Bundesregierung zu viel Geld für den Konsum aus und tut zu wenig für Investitionen; sie schwächt damit unsere Wettbewerbsfähigkeit. Dabei müsste gerade eine Große Koalition mit ihrer großen Mehrheit drängende Zukunftsfragen anpacken: Unsere Infrastruktur ist marode, es mangelt an Facharbeitern, der Staat gibt zu wenig Impulse für private Investitionen, die Arbeitnehmer werden durch die kalte Progression bestraft, das Steuersystem wird immer komplexer und wirrer statt einfacher und verständlicher, das Bildungssystem produziert die staatlichen Kostgänger von morgen, die Familienförderung ist ebenso teuer wie ineffizient, die Sozialsysteme sind nicht wetterfest in Bezug auf den demografischen Wandel, es fehlt ein Masterplan für Zuwanderung und Integration.

Das ist alles kein Grund zur Panik. Da steuert keine »Titanic« unausweichlich auf einen todbringenden Eisberg zu. Die Deutschen genießen vielmehr die Fahrt im Salonwagen – und merken nicht, dass der Zug in die falsche Richtung fährt. Die Lage erinnert an die Mitte der 1990er Jahre. Damals fühlte Deutschland sich wirtschaftlich und politisch sehr stark. Weil aber notwendige Reformen unterblieben, wurde aus dem deutschen Riesen der kranke Mann Europas. Es waren schmerzhafte Reformen notwendig, um das zu ändern. Doch ausgerechnet die Große Koalition gefährdet jetzt diese Erfolge.

Schwarz-Rot hat bis zur Bundestagswahl 2017 noch drei Jahre vor sich. Niemand weiß, welche inneren und äußeren Ereignisse diese Koalition noch zum Handeln zwingen werden. Es wäre nicht das erste Mal, dass eine Regierung mit ihren Herausforderungen wächst. Eines lässt sich indes schon heute sagen: Falls Schwarz-Rot sich nicht zu mehr aufrafft, als den Koalitionsvertrag* abzuarbeiten, wird sie das Land nicht voranbringen. Im Gegenteil: Sie droht ein Land zu hinterlassen, das mit einem Kater aufwachen wird. Die Wähler dürfen sich dann nicht beschweren. Sie wollten diese Regierung. Jetzt haben sie, was sie wollten.

Berlin, im September 2014
Hugo Müller-Vogg

* www.bundesregierung.de/Content/DE/_Anlagen/2013/2013-12-17-koalitionsvertrag.pdf

01 / SCHWARZ-ROT –
DAS WOHLFÜHLMODELL DER DEUTSCHEN

»Von den grundsätzlich möglichen Koalitionsmodellen wird lediglich die Große Koalition mehrheitlich gut gefunden: 58 Prozent fänden eine Regierung aus CDU/CSU und SPD gut, 25 Prozent schlecht und 14 Prozent wäre das egal. Eine schwarz-grüne Bundesregierung hingegen fänden nur 32 Prozent aller Befragten gut, aber 43 Prozent schlecht (egal: 22 Prozent). Noch deutlicher wird eine rot-rot-grüne Koalition abgelehnt: gut: 22 Prozent; schlecht: 67 Prozent; egal: 10 Prozent.
Interessant bei dieser Frage sind auch die Bewertungen in den jeweiligen Anhängergruppen: So rangiert die Große Koalition mit 68 Prozent ›gut‹ bei den CDU/CSU-Anhängern eindeutig auf Platz eins vor der schwarz-grünen (gut: 38 Prozent). Bei den SPD-Anhängern wird ebenfalls die große Koalition am besten bewertet (gut: 64 Prozent), danach folgt auf Platz zwei Rot-Rot-Grün (gut: 34 Prozent).«

ZDF-Politbarometer vom 27. September 2013.

Politik ist kein Wunschkonzert. Gleichwohl haben Angela Merkel, Horst Seehofer und Sigmar Gabriel den Deutschen nach der Bundestagswahl 2013 beschert, was diese sich so inständig gewünscht hatten – eine Große Koalition. Da sage noch einer, »die da oben« agierten völlig abgehoben von »denen da unten«.

Dieser Herzenswunsch des Wahlvolks war schon lange vor dem 22. September 2013 bekannt. In allen Umfragen rangierte Schwarz-Rot mit weitem Abstand vor anderen möglichen Konstellationen. Der Lager-Wahlkampf zwischen Schwarz-Gelb und Rot-Grün war im Nachhinein nicht einmal eine sonderlich gut inszenierte Show. Hätte es am Wahlabend dennoch für Merkels alte schwarz-gelbe »Wunschkoalition« oder für die rot-grüne Alternative gereicht, hätten unsere Wahlforscher allesamt einpacken können.

Der weit verbreitete Wunsch nach einer CDU/CSU/SPD-Regierung war im Wahljahr weder neu noch überraschend. Ginge es nach den Wählern, hätten sich die beiden Volksparteien in 65 Jahren Bundesrepublik die Macht ruhig öfters teilen dürfen. Die Deutschen bejahen zwar die parlamentarische Demokratie, verabscheuen aber nichts so sehr wie Parteiengezänk und parteipolitische Polarisierung.

Schon der Barockdichter Friedrich von Logau (1605–1655) polemisierte gegen das Politische: »Allem Winde Segel geben / Bös- und Guten dienstbar leben / Alles Tun und alles Dichten / Bloß auf eignen Nutzen richten: / Wer sich dessen will befleißen / Kann politisch heuer heißen.« Johann Wolfgang von Goethe ließ im Faust 1808 einen Zecher in Auerbachs Keller spotten: »Ein garstig Lied! Pfui! Ein politisch Lied!« Hoffmann von Fallersleben dichtete 1842 in Anlehnung an Goethe: »Ein politisch Lied, ein garstig Lied.«

Natürlich möchten die Deutschen unsere Parteiendemokratie nicht missen. Aber unterschwellig ist der Anti-Parteien-Effekt weiterhin lebendig. Denn die Deutschen sind geradezu konsenssüchtig. Harte Auseinandersetzungen zwischen Regierung und Opposition sind ihnen zuwider. Die Politiker der großen Parteien sollen sich an einen Tisch setzen und gemeinsam das Notwendige tun – so sieht nach Meinung der Mehrheit die ideale Demokratie aus. Dasselbe gilt für innerparteiliche Auseinandersetzungen sowie für Kontroversen um Programme und Personen. Mögen Politologen und Publizisten heftige Flügelkämpfe als Beweis für eine funktionierende innerparteiliche Demokratie loben, in den Augen der meisten Bürger ist es eher überflüssiges, abstoßendes Gezänk.

Bei alldem spielen auch historische Erfahrungen eine Rolle. Bis heute hält sich hartnäckig die These, die Weimarer Republik sei nicht zuletzt am Parteiengezänk zugrunde gegangen. Das trifft insofern zu, als die demokratischen Parteien in einem parlamentarischen System ohne Fünf-Prozent-Klausel zu zersplittert waren, um stabile Koalitionen zu bilden. Zudem mussten die demokratisch legitimierten Regierungen bis 1930 unter äußerst widrigen Bedingungen versuchen, das Land zusammenzuhalten. Die Belastungen durch die hohen Reparationszahlungen, Weltwirtschaftskrise und Massenarbeitslosigkeit, die gewalttätige Agitation von ganz rechts wie ganz links gegen die junge Demokratie machten die Menschen anfällig für extreme Parolen. Die entschiedenen Gegner der jungen deutschen Demokratie – Nationalsozialisten, Deutschnationale und Kommunisten – wurden immer stärker.

Als die Nazis in der Endphase der Weimarer Republik zur Machtergreifung ansetzten, machte sich ein weiteres Handikap der jungen Republik nachteilig bemerkbar: Breite Teile des Bürgertums hatten sich nie so recht mit Demokratie und Parlamentarismus angefreundet. Sie hofften auf den »starken Mann«, der alle Probleme löst und nach der »Schmach von Versailles« die nationale Ehre wiederherstellt. Damit konnten und wollten Sozialdemokraten, Zentrum und die Deutsche Demokratische Partei, die tragenden Kräfte der »Weimarer Koalition«, nicht dienen.

Anders als die Ausrufung der ersten deutschen Republik im November 1918 stand der demokratische Neubeginn in der alten Bundesrepublik nach 1945 unter einem guten Stern, nicht zuletzt dank der Geburtshilfe durch Amerikaner, Briten und Franzosen. Die Deutschen erwiesen sich als fleißige Wähler und als erstaunlich resistent gegenüber rechts- wie linksradikalen Parteien. Doch schon damals war nur eine sehr kleine Minderheit bereit, sich parteipolitisch zu engagieren. Da wirkten Erfahrungen und Enttäuschungen aus der Weimarer Zeit nach. Außerdem sahen die Menschen, dass von den ehemaligen Parteigenossen der NSDAP und ihren Mitläufern manche nach 1945 zunächst Schwierigkeiten hatten, beruflich wieder Fuß zu fassen. Was wiederum viele Bürger in der jungen Bundesrepublik in der Auffassung bestärkte, sich tunlichst aus der Politik herauszuhalten: »Man weiß nie, was noch kommt.«

Das war in den neuen Ländern nach dem Ende der DDR nicht viel anders. Wie einst die meisten Nazis schaffte die Masse der SED-Aktivisten mühelos den persönlichen Wechsel von einem totalitären in ein freiheitliches System. Aber all diejenigen, die wegen zu großer Nähe zum SED-System ihre Arbeitsplätze verloren oder bei ihrer Rente Abstriche hinnehmen mussten, waren in den Augen vieler Mitbürger der Beweis, wie schnell man in der »falschen« Partei gewesen sein kann. In zwei Phasen der deutschen Nachkriegsgeschichte – nach 1945 im Westen und nach 1990 im Osten – kamen auf diese Weise viele Bürger zu dem Schluss, man sei in jedem Fall auf der sicheren Seite, wenn man um die Parteien einen weiten Bogen mache.

Politik ohne allzu scharfe Akzentuierung, ohne allzu heftigen Streit und ohne sich unversöhnlich gegenüberstehende Lager kommt der deutschen Mentalität auch deshalb entgegen, weil die meisten Menschen sich scheuen, politisch Farbe zu bekennen. Die Deutschen sind eher bereit, über ihr Sexualleben zu sprechen als über ihre parteipolitischen Präferenzen. Aus der eigenen Wahlentscheidung machen die meisten ein Staatsgeheimnis, nur noch übertroffen von ihrer Geheimniskrämerei in puncto Einkommen. Dass Bürger über den harten Kern der Parteiaktivisten hinaus sich öffentlich zur Partei ihrer Wahl bekennen, indem sie ein Plakat in den Vorgarten stellen, ihre Wahlabsicht durch einen Aufkleber auf der Heckscheibe bekunden oder einen Wahlaufruf unterzeichnen, kommt hierzulande kaum vor. In dieser Beziehung war die Bundestagswahl 1972, als es um Willy Brandt und die Ostverträge ging, eine historische Ausnahme. Es war eine der seltenen Phasen, in denen die Deutschen in der alten Bundesrepublik parteipolitisch Flagge zeigten.

Wenn Unionsparteien und Sozialdemokraten zusammen regieren, dürfen die Wähler dieser Parteien – das waren 2013 immerhin 67,2 Prozent – sich der Mehrheit zugehörig fühlen. Für zwei Drittel der Menschen ist die Regierung Merkel/Gabriel »ihre« Regierung. Die Wahrscheinlichkeit, bei politischen Gesprächen am Arbeitsplatz oder in der Freizeit zur Mehrheit zu gehören, ist demzufolge hoch. Große Koalition, sie war und ist aus der Sicht der Mehrheit ein Wohlfühlmodell.

Hinzu kommt: Jenseits des Wunsches nach Einigkeit und Konsens gründet der gute Ruf großer Koalitionen vor allem auf dem ersten schwarz-roten Bündnis zwischen 1966 und 1969. Diese Koalition ist vielen Menschen und nicht zuletzt den politischen Beobachtern in so guter Erinnerung geblieben, weil es ihr gelang, die erste schwere Rezession im Wirtschaftswunderland und die aus damaliger Sicht hohe Arbeitslosigkeit – 1,8 Prozent im Ruhrgebiet, 0,7 Prozent im Bundesdurchschnitt – schnell zu überwinden.

Die erste schwarz-rote Regierung im Bund kam ein gutes Jahr nach der Bundestagswahl 1965 zustande. Damals hatte Ludwig Erhard, seit 1963 Nachfolger Konrad Adenauers als Bundeskanzler, noch von seinem Ruf als Vater des Wirtschaftswunders gezehrt, einen glänzenden Wahlsieg errungen und mit der FDP abermals eine Koalition gebildet. Doch als Kanzler konnte er an seine Erfolge als Bundeswirtschaftsminister nicht anknüpfen, innen- wie außenpolitisch agierte er glücklos, das Verhältnis zum liberalen Koalitionspartner wurde immer schlechter und in der CDU drängten starke

Kräfte auf einen Neuanfang mit der SPD. So wurde Erhard von der eigenen Fraktion gestürzt. Der Weg war frei für die erste Große Koalition.

Sie hatte ein sehr ambitioniertes Programm und nutzte ihre große Mehrheit für wegweisende Reformen wie das Stabilitäts- und Wachstumsgesetz, eine neue Finanzverfassung oder die Verabschiedung der sogenannten Notstandsgesetze. Die bei den notwendigen Verfassungsänderungen erforderliche Zwei-Drittel-Mehrheit war für die Große Koalition kein Hindernis. Die Bürger hatten zu Recht das Gefühl, hier packe eine Regierung energisch an.

Der staatsmännisch-elegant auftretende Kanzler Kurt Georg Kiesinger (CDU) und der visionäre Außenminister und Vizekanzler Willy Brandt (SPD) an der Spitze der Regierung standen sowohl für Kontinuität als auch für Aufbruch. Dass das ungleiche Gespann – das ehemalige NSDAP-Mitglied Kiesinger und der ehemalige Emigrant Brandt – im Tagesgeschäft eher eine Art friedlicher Koexistenz als eine vertrauensvolle Zusammenarbeit praktizierte, interessierte außerhalb der politischen Klasse wenig. »Zwei Männer, eine Aufgabe – die Richtung stimmt«, lautete der Titel eines Werbeprospekts, den das Bundespresseamt 1967 bundesweit verteilen ließ. Es zeigte Kiesinger und Brandt beim Regieren und traf genau die Gemütslage der Deutschen.

Dasselbe schafften Wirtschaftsminister Karl Schiller (SPD) und Finanzminister Franz Josef Strauß (CSU). Sie genossen als »Plisch und Plum« höchste Anerkennung, weil es ihnen schnell gelang, die Rezession zu überwinden und die Verschuldung einzudämmen. Schon 1968 und 1969 wuchs die Wirtschaft wieder um jeweils sieben beziehungsweise acht Prozent, und es herrschte Vollbeschäftigung.

Insgesamt haben Union und SPD damals nicht einmal drei Jahre lang miteinander regiert, von Dezember 1966 bis September 1969. Schon 1968 wurde das Klima innerhalb der Koalition recht frostig, weil die Union misstrauisch registrierte, dass Willy Brandt und große Teile der SPD für die Zeit nach 1969 auf eine Koalition mit der FDP zusteuerten. Dessen ungeachtet herrschte in der Bevölkerung der Eindruck vor, die beiden großen Parteien machten ihre Sache recht gut. Bei der Bundestagswahl 1969 stimmten jedenfalls 88,8 Prozent der Wähler für die Koalitionsparteien: 46,1 Prozent für die CDU/CSU und 42,7 Prozent für die SPD. Hätten Union und SPD ihre Zusammenarbeit fortgesetzt – die meisten Bürger hätten nichts dagegen gehabt.

Die zweite Große Koalition zwischen 2005 und 2009 mit Angela Merkel und den sozialdemokratischen Vizekanzlern Franz Müntefering und Frank-Walter Steinmeier ist den Deutschen ebenfalls in guter Erinnerung. Sie war ein Zweckbündnis von zwei Partnern, die durch das Wahlergebnis schwer angeschlagen waren. Bei der vorgezogenen Bundestagswahl 2005 war die CDU/CSU mit Angela Merkel als Kanzlerkandidatin lediglich auf 35,2 Prozent gekommen, die SPD mit Bundeskanzler Gerhard Schröder auf 34,2 Prozent.

Für Angela Merkel und die Union war es ein Debakel. Schließlich hatte sie zu Beginn des Wahlkampfes in den Meinungsumfragen bei 45 und mehr Prozent gelegen. Die SPD dagegen steckte wegen der unpopulären »Agenda 2010«-Politik im Meinungstief und rangierte weit unter der 30-Prozent-Marke. Sie schaffte es jedoch dank des furiosen Wahlkämpfers Gerhard Schröder, sich aus ihrem Umfragetief überraschend auf 34,2 Prozent hochzukämpfen. Das Wahlergebnis ließ ihr jedoch keine andere Wahl, als Juniorpartner der CDU/CSU zu werden.

So erinnerte diese Große Koalition 2005 an zwei angeschlagene Boxer, die nur deshalb noch standen, weil sie sich gegenseitig festhielten. Entsprechend wenig ehrgeizig war ihr Programm. Vorrang hatte die Haushaltssanierung. Zu diesem Zweck sprang die SPD über ihren Schatten und stimmte einer Erhöhung der Mehrwertsteuer von 16 auf 19 Prozent zu. Mut zu unpopulären Maßnahmen bewies auch Arbeitsminister Franz Müntefering (SPD), der mehr oder weniger im Alleingang die »Rente mit 67« durchboxte. Da zeigte sich, dass sich eine Große Koalition bei der Umsetzung unpopulärer Maßnahmen leichter tut als eine kleine.

Die größte Leistung der damaligen Großen Koalition war kein Punkt aus dem Koalitionsvertrag, sondern den Umständen geschuldet: der schweren Finanzkrise 2008/2009. Dass Deutschland besser durch diese Krise gekommen ist als jedes andere europäische Land, war das Verdienst der damaligen Regierung. Die »Staatsgarantie« für Spareinlagen, die Bundeskanzlerin Merkel und Finanzminister Peer Steinbrück (SPD) gemeinsam abgaben, hat die Menschen beruhigt. Zahlreiche Maßnahmen zur Stützung der Konjunktur verhinderten einen noch schlimmeren wirtschaftlichen Einbruch und förderten die schnelle wirtschaftliche Erholung von 2010 an.

Ob diese Regierung ohne den Lehman-Crash und seine schlimmen Folgen auch so gute Noten bekommen hätte? Eher nicht. Denn ihr ohnehin nicht allzu anspruchsvolles Arbeitsprogramm hatte Schwarz-Rot Ende 2007 mehr oder weniger abgearbeitet. So gesehen war die Finanz- und Wirtschaftskrise ein Glücksfall für die damalige Große Koalition. Deshalb hat das zweite Bündnis dieser Art die unterschwellige Sehnsucht der Wähler nach einem Miteinander der großen Parteien bestärkt und bereits den Boden für eine spätere Neuauflage bereitet. Dass CDU/CSU und FDP anschließend als angebliche »Wunschkoalition« den Wunsch des Volkes nach einem geräuschlosen Regieren nicht im Entferntesten erfüllen konnten, stärkte die Nachfrage nach einer Regierung »über den Parteien«.

Seit Ende 2013 haben wir es also mit der dritten Auflage dieses Bündnisses zu tun. Die Medien haben die schwarz-rote Verbindung »GroKo« getauft. Diese liebevoll-spöttische Bezeichnung trifft die Gemütslage der Menschen. GroKo klingt irgendwie verbindlich, ja geradezu niedlich. GroKo klingt nach Friede, Freude, Harmonie: Happy days are here again!

02 / AN DER GROKO GEHT DIE DEMOKRATIE NICHT KAPUTT

»Nun geht also das Experiment der Großen Koalition zu Ende, jener Regierungskombination, bei deren Beginn die Mehrheit aller Kommentatoren meinte, sie beseitige jegliche Voraussetzung wirksamer Machtkontrolle und werde das Funktionieren des Parlamentarismus derart stören und behindern, dass es schließlich zur Machtergreifung des Proporz in Permanenz kommen müsse. Theoretisch hatten jene Kritiker recht. Praktisch und für die besondere Situation der Bundesrepublik gesprochen, hatten sie unrecht – woraus wieder einmal deutlich wird, dass man in der Politik mit Lehrbüchern, Idealvorstellungen und Modellen nicht allzuviel anfangen kann.«

Marion Gräfin Dönhoff in *Die Zeit* vom 26. September 1969.

Wenn Union und SPD gemeinsam regieren, geht ein Riss durchs Land. Die Bürger finden diese Konstellation überwiegend gut, die Medien und die Politikwissenschaftler überwiegend schlecht. Das war schon 1966 bei der ersten Großen Koalition auf Bundesebene so, das ist heute nicht anders. Wobei auffällt, dass das sich periodisch wiederholende »GroKo-Bashing« in der Bevölkerung offenbar kaum Spuren hinterlässt.

Auch nach der Bundestagswahl 2013 fehlte es nicht an Warnungen vor einer scheinbar übermächtigen Regierung gegenüber einer Mini-Opposition. Die Demokratie lebe von der Auseinandersetzung zwischen Lagern und Blöcken. Die Opposition sei immer eine »Regierung im Wartestand«. Beides treffe bei einer Großen Koalition nicht mehr zu. Zur gängigen Argumentation gehört auch die Behauptung, wenn die Koalitionsfraktionen 80 Prozent der Abgeordneten stellten, die beiden Oppositionsparteien Grüne und Linke aber nur 20 Prozent, könne von einer wirksamen parlamentarischen Kontrolle nicht mehr die Rede sein. Auch leide die Debattenkultur, weil die Redner der Opposition im Parlament kaum zu Wort kämen. Schließlich drohe eine Große Koalition die kleinen Parteien und politischen Ränder zu stärken.

Keiner dieser Einwände ist völlig unplausibel; einem Wirklichkeitstest halten sie aber nur bedingt stand. Wenn das Wahlverhalten der Bürger zu einem Ergebnis führt, das ein Regierungsbündnis der beiden größten Fraktionen geradezu erzwingt, dann wird dadurch die Demokratie nicht gefährdet. Auf die erste Große Koalition folgte übrigens 1969 die erste SPD/FDP-Regierung im Bund samt der Ablösung der CDU/CSU als Kanzlerpartei. Die zweite Große Koalition führte 2005 zu einem schwarz-gelben Bündnis. Der demokratische Prozess des Wechsels wurde also durch die bisherigen Großen Koalitionen nicht behindert, sondern befördert.

Wenn prinzipielle Gegner von Großen Koalitionen die Übermacht der Regierenden beklagen, dann sei daran erinnert, dass von 1966 bis 1969 Union und SPD sogar mehr als 90 Prozent der Sitze verfügten gegenüber heute 80 Prozent. Die FDP als einzige Oppositionspartei stellte damals lediglich jeden zehnten Abgeordneten. Dauerhaft Schaden hat niemand genommen. Allerdings hat die Große Koalition einen Teil der damaligen Studentengeneration darin bestärkt, gegen »das System« aufzubegehren, und die Bildung einer Außerparlamentarischen Opposition (APO) befördert.

Unter der ersten sozialliberalen Koalition ist dieser Protest aber keineswegs verstummt. Die APO bekämpfte auch die Regierungen Brandt/Scheel und Schmidt/Genscher aufs Heftigste. Was im Zusammenhang von erster Großer Koalition und Außerparlamentarischer Opposition bei manchem in Vergessenheit geraten ist: Als sich Joschka Fischer in Frankfurt am Main als Anführer seiner »Putztruppe« mit Polizisten prügelte, saß längst Willy Brandt im Kanzleramt und nicht mehr Konrad Adenauer. Und die Mordserie der aus der APO hervorgegangenen »Rote Armee Fraktion« erreichte ihren traurigen Höhepunkt während der Kanzlerschaft Helmut Schmidts.

Ohnehin steckt hinter dem Argument, eine Große Koalition schwäche das Parlament und stärke »die Straße«, ein aus dem Lehrbuch entnommenes Idealbild des Parlamentarismus. Dass das Parlament die Regierung kontrolliere, wird gerne in Festreden beschworen. Der parlamentarische Alltag sieht indes anders aus. Nicht das Parlament, sondern die Opposition schaut den Regierenden auf die Finger. Die Mehrheit des Parlaments hat dagegen ein ganz anderes Ziel: Sie stützt die Regierung, die ja ihre Regierung ist, mit allen parlamentarischen Mitteln und nimmt sie, so gut es geht, vor Attacken der Opposition in Schutz.

Die Kontrollfunktion des Parlaments steht also bei Licht betrachtet auf dem Papier. Und das völlig unabhängig davon, ob sich die Regierenden auf eine knappe oder eine riesige Mehrheit der Abgeordneten stützen können. Groteskerweise ist die Freiheit der einzelnen Mitglieder des Parlaments in einer Großen Koalition sogar größer als bei knappen Mehrheiten. Wer wie die Regierung Merkel/Gabriel 504 von 631 Abgeordneten hinter sich weiß, dem können selbst 20 oder 30 Abweichler aus den eigenen Reihen nicht ernsthaft weh tun.

Richtig ist allerdings, dass mit der Größe der Regierungsmehrheit die Redezeit der Opposition unter der Reichstagskuppel reduziert wird. Bei einer einstündigen Debatte stehen den Rednern von CDU/CSU und SPD insgesamt 44 (27 + 17) Minuten zu, der Linken und den Grünen jeweils 8 Minuten. Das war bei der Großen Koalition zwischen 2005 und 2009 noch anders. Damals kamen die Regierungsparteien auf zusammen 38 Minuten, die drei Oppositionsfraktionen FDP, Linke und Grüne auf immerhin 22. Eigentlich hätten die Abgeordneten der GroKo noch mehr Redezeit, wenn CDU/CSU und SPD der Opposition nicht ein paar zusätzliche Minuten geschenkt hätten.

In einem anderen Punkt zeigte sich die Große Koalition ebenfalls großzügig. Das Grundgesetz schreibt vor, dass das Parlament einen Untersuchungsausschuss einsetzen muss, wenn ihn ein Viertel der Abgeordneten fordert. Das wären in dieser Legislaturperiode 158 Abgeordnete. Da Grüne und Linke es aber zusammen nur auf 127 Sitze bringen, wurde das Quorum mit Hilfe der Geschäftsordnung auf 120 gesenkt, eine Sonderregelung, der die Grünen zustimmten, während die Linke sie ablehnte.

Ein Grundproblem lässt sich auch mit Änderungen der Geschäftsordnung – man könnte auch sagen: politisch opportunen Tricksereien – nicht aus der Welt schaffen: Die Mehrheit von Schwarz-Rot ist sehr groß. Und das aus zwei Gründen: Erstens, weil die Wähler ihr zusammen 67 Prozent der Stimmen gegeben haben (2005 kam Schwarz-Rot auf 69 Prozent.) Und zweitens, weil FDP und die Alternative für Deutschland (AfD) knapp unter fünf Prozent blieben und somit – zusammen mit den Anteilen der Splitterparteien – bei der Sitzverteilung fast 16 Prozent der Wählerstimmen unter den Tisch fielen. Die schwarz-rote Koalition und die dunkelrot-grüne Opposition errangen deshalb mit zusammen 84,2 Prozent der Stimmen 100 Prozent der Bundestagsmandate. Mit 67 Prozent der Stimmen kommt Schwarz-Rot auf diese Weise auf 80 Prozent der Sitze. Ganz nach dem Bibelwort: »Denn wer da hat, dem wird gegeben.«

Bei all den demokratietheoretischen Bedenken gegen das Gegenüber von »Riesen-Koalition« und »Zwergen-Opposition« geht freilich unter, dass es mehr Große Koalitionen in der Bundesrepublik gab und gibt, als vielen bewusst ist. Als sich Angela Merkel, Sigmar Gabriel und Horst Seehofer Ende 2013 das Jawort zu ihrer zeitlich befristeten Partnerschaft gaben, regierten »draußen im Lande« fünf andere vergleichbare Bündnisse: drei schwarz-rote im Saarland, in Sachsen-Anhalt und Thüringen, zwei rot-schwarze in Berlin und

Mecklenburg-Vorpommern. Ohnehin sind mit Ausnahme der Hansestadt Hamburg schon alle anderen Bundesländer von Schwarz-Rot oder Rot-Schwarz regiert worden. Große Koalitionen sind in den Augen der Bürger keine so großen Ausnahmen, wie das in den Medien gerne dargestellt wird.

In Westdeutschland war die Große Koalition vor allem in der Nachkriegszeit auf Länderebene ein verbreitetes Regierungsmodell. In den großen Ländern Nordrhein-Westfalen und Bayern, in den mittelgroßen Ländern Hessen und Rheinland-Pfalz sowie in den Stadtstaaten Berlin und Bremen regierten nach dem Zweiten Weltkrieg zunächst Große Koalitionen. Gerade in den Aufbaujahren wollten die Volksparteien CDU und SPD an einem Strang ziehen. Es ging auch darum, nach dem Scheitern der Weimarer Republik beim Neuaufbau »die Gemeinsamkeit der Demokraten« zu betonen. Maßgebliche Köpfe bei CDU und SPD waren 1949 der festen Überzeugung, die Bundesrepublik brauche gerade in Bonn eine starke, das heißt eine Große Koalition. Dass es anders kam, lag vor allem an Konrad Adenauer und der CSU.

Die größten Erfahrungen mit Großen Koalitionen haben auf Grund besonderer Umstände Baden-Württemberg und Berlin. Der Südweststaat war erst 1952 durch den Zusammenschluss der Länder Württemberg-Baden, Baden und Württemberg-Hohenzollern entstanden. Der Versuch von SPD, FDP und dem Bund der Heimatvertriebenen und Entrechteten (BHE), das Land gegen die stärkste Partei, die CDU, zu regieren, scheiterte bereits nach einem Jahr. So kam es zu einer Allparteienregierung unter Führung der CDU. Sie hatte vor allem die Aufgabe, die Einheit des Bindestrich-Landes zu vollenden. Darüber hinaus erhoffte man sich gerade von einer ganz großen Koalition, sie könne den badischen Bevölkerungsteil, der mehrheitlich gegen die Fusion mit Württemberg gestimmt hatte, mit dem neugebildeten Land versöhnen. Was auch gelang.

In der »Frontstadt« Berlin war Rot-Schwarz unter Führung der SPD lange Zeit sogar das Standardmodell. In der eingeschlossenen Stadt regierten SPD und CDU von 1946 bis 1963 gemeinsam, teilweise in Allparteienregierungen und selbst bei absoluter Mehrheit der SPD. Das war angesichts der sowjetischen Bedrohung eine Demonstration, dass die großen demokratischen Parteien – jenseits aller Unterschiede – in der zentralen Frage einig waren: Dass Berlin sich nicht von der Bundesrepublik abspalten lasse.

Insgesamt gab und gibt es seit 1946 im Westen und seit 1990 im Osten der Republik 35 Koalitionen unter Beteiligung von CDU und SPD. In den meisten Fällen waren sie das Resultat von Wahlergebnissen, die eine andere Koalitionsbildung faktisch nicht zuließen. So regierte in Baden-Württemberg in den 60ern und 70ern (1966–1972) sowie 90ern (1992–1996) noch zwei Mal Schwarz-Rot, weil der Einzug der rechtsradikalen NPD beziehungsweise der Republikaner in den Landtag jede andere Regierungsbildung ausschloss. Ähnlich war es zwischen 1991 und 2001 in Berlin. Damals gingen CDU und SPD zusammen, weil sie Grüne und PDS noch nicht für koalitionsfähig hielten.

Die Stärke der PDS beziehungsweise der Partei Die Linke führte auch in allen fünf neuen Bundesländern zum Zusammengehen von CDU und SPD oder umgekehrt: in Brandenburg von 1999 bis 2009, in Mecklenburg-Vorpommern von 1994 bis 1998 und seit 2008, in Sachsen-Anhalt seit 2006, in Sachsen von 2004 bis 2009 und in Thüringen zwischen 1994 und 1999 und wieder seit 2009. Dabei spielt eine große Rolle, dass die SPD es bisher abgelehnt hat, als Juniorpartner der Linken in eine rot-rote Regierung einzutreten, zuletzt in Thüringen nach der Wahl 2009. Unsere politische Infrastruktur hat alle diese scheinbar übermächtigen Regierungsbündnisse unbeschädigt überlebt. Gerade für die neuen Länder erwiesen sie sich oft als vorteilhaft: Ein Partner in jeder Großen Koalition hat in der Bundesregierung immer Parteifreunde, an die er sich im Interesse des Landes wenden kann.

Bei genauer Betrachtung gibt es noch zwei weitere Länder, in denen die beiden größten Parteien koalieren. In Bremen fiel die CDU bei der Bürgerschaftswahl 2011 auf den dritten Platz hinter SPD und Grünen zurück. Rein zahlenmäßig ist das rot-grüne Bündnis an der Weser folglich ebenfalls eine Große Koalition. Dasselbe gilt für Brandenburgs rot-rotes Kabinett, da SPD und Linke dort die beiden stärksten Fraktionen stellen. Alle Warnungen vor einer zu großen Machtfülle der Regierenden und den daraus resultierenden Gefahren für die Demokratie müssten demnach auch auf diese beiden Konstellationen zutreffen. Sie tun es aber ebenso wenig wie die zahlreichen Regierungsbündnisse zwischen CDU und SPD beziehungsweise SPD und CDU.

Das Koalitionsmodell Große Koalition mag bei einem Teil der Politikwissenschaftler und Staatsrechtler für Sorgenfalten auf der Stirn sorgen. Auch wird das Thema großkoalitionärer Gefährdungen der Demokratie noch Gegenstand zahlloser Master- und Doktorarbeiten sein. Das ändert nichts an der Tatsache, dass wir mit Großen Koalitionen nicht grundsätzlich andere Erfahrungen gemacht haben als mit den klassischen Zweierbündnissen aus einer großen Volkspartei und einem kleineren Mehrheitsbeschaffer.

Die immer wieder beschworene »Stärkung der Ränder« angesichts einer angeblich omnipotenten Regierungsübermacht lässt sich ebenfalls nicht belegen. Mit der PDS beziehungsweise der Partei Die Linke konnte sich im Westen der Republik erstmals eine Partei links von der SPD verankern. Das war aber nicht das Ergebnis einer Großen Koalition, sondern die Folge der »Agenda«-Politik der Regierung Schröder/Fischer – und damit einer klassischen Lager-Koalition.

Und rechts außen? Die rechtsradikale NPD kam 1969 – also in der Endphase der ersten Großen Koalition – auf 4,3 Prozent und damit fast in den Bundestag. Das war aber in hohem Maße dem Umstand geschuldet, dass die »etablierten« Parteien kein adäquates Mittel gegen die Radikalisierung der politischen Auseinandersetzung durch die Außerparlamentarische Opposition fanden. Da riefen – noch kein Vierteljahrhundert nach dem Ende der Nazi-Herrschaft – alte und neue Unbelehrbare nach einem »starken Mann«. Und sollte die »Alternative für Deutschland« in den nächsten Jahren unter Schwarz-Rot weiteren Zulauf gewinnen, dann kann das auch nicht als Kollateralschaden der GroKo gedeutet werden. Schließlich hätten diese Rechtspopulisten schon 2013 beinahe den Sprung in den Bundestag geschafft – nach vier Jahren schwarz-gelber Regierung.

03 / AUF DEN INHALT KOMMT ES AN

»Zum ersten Mal haben sich die Christlich-Demokratische und Christlich-Soziale Union und die Sozialdemokratische Partei auf der Ebene des Bundes zur Bildung einer gemeinsamen Regierung entschlossen. Das ist ohne Zweifel ein Markstein in der Geschichte der Bundesrepublik, ein Ereignis, an das sich viele Hoffnungen und Sorgen unseres Volkes knüpfen. (...)
Wir sind entschlossen, soviel an uns liegt, die auf uns gesetzten Hoffnungen zu erfüllen und die befürchteten Gefahren abzuwehren. In dieser Koalition werden keine Macht und Pfründen zwischen Partnern geteilt, keine Mißstände vertuscht und die Kräfte des parlamentarischen Lebens nicht durch Absprachen hinter den Kulissen gelähmt werden, wie es ihr mit dem Schlagwort ›Proporzdemokratie‹ unterstellt wird.
Die Opposition wird alle parlamentarischen Möglichkeiten haben, ihre Auffassung zur Darstellung und zur Geltung zu bringen.«

Bundeskanzler Kurt Georg Kiesinger (CDU) in seiner Regierungserklärung vom 13. Dezember 1966.

Nein, auch von dieser Großen Koalition, der dritten seit 1966, geht unsere heile bundesrepublikanische Welt nicht unter. Fragt sich nur, ob dieser schwarz-rote Doppelpack das Land voranbringt. Das freilich darf bezweifelt werden. Union und SPD fanden nach dem 22. September 2013 nämlich nicht zusammen, weil sie gemeinsam an einigen Großbaustellen die Ärmel aufkrempeln wollten. Sie kamen vielmehr zusammen, weil es für beide Seiten der bequemste Weg ist.

Im Nachhinein wird von CDU-Seite gerne verbreitet, eigentlich hätte man es viel lieber mit Schwarz-Grün versucht. Die Grünen seien aber zu feige gewesen; sie wären aus Angst vor ihrer linken Basis nicht gesprungen. Da mag etwas Wahres dran sein. Letztlich war es aber der CDU egal, ob Sozialdemokraten oder Grüne ihrer Kanzlerin zu weiteren vier Jahren verhelfen. Die CDU war mit zwei Kernforderungen in den Wahlkampf gezogen: keine Steuererhöhungen und eine höhere Mütterrente für alle Frauen mit vor 1992 geborenen Kindern. Wer ihr hilft, das umzusetzen, war aus Sicht des Konrad-Adenauer-Hauses zweitrangig. Gleiches galt für die CSU: Als Koalitionspartner kam grundsätzlich in Frage, wer ihre Forderung nach Einführung einer Pkw-Maut akzeptierte. Ob Rot oder Grün war eher zweitrangig.

Die SPD wiederum scheute vor einem rot-rot-grünen Experiment zurück. Das war angesichts einer äußerst knappen Mehrheit von vier Sitzen verständlich, zumal die Linke gespalten ist, was ihre Bereitschaft betrifft, Regierungsverantwortung zu übernehmen. Die eher pragmatischen Linken aus den neuen Ländern würden lieber heute als morgen regieren. Die »Fundis« aus dem Westen sehen hingegen in jedem Koalitionskompromiss einen Verstoß gegen die reine Lehre. Zugleich lag den Sozialdemokraten daran, Schwarz-Grün auf alle Fälle zu verhindern. Musste die SPD doch befürchten, im Sog einer neuen Berliner Konstellation könnten sich Schwarze und Grüne in vielen Bundesländern näherkommen. Und überhaupt: Wenn nach der unverändert geltenden Franz Müntefering-Doktrin Opposition »Mist« ist, dann ist mitzuregieren allemal besser, als an der Seite der Linken zu opponieren. Die viel beschworene »staatspolitische Verantwortung« bot diesbezüglich eine großkoalitionäre Alternative, die Gestaltungsmacht und obendrein Posten und Pfründe versprach.

Koalitionen sind nie Liebesehen. Im Idealfall tun sich die Partner zu einer Vernunftehe zusammen. Man wägt die Vor- und Nachteile der Verbindung kühl ab und kommt unter dem Strich zu einem positiven Saldo. Bis dass der Wähler die Partner wieder scheidet. Zu dieser Großen Koalition passt am besten das Etikett Versorgungsehe – und zwar im doppelten Sinn. Man versorgt sich selbst und die eigene Klientel gleich dazu. Wenn es nämlich einen »Überbau« gibt, dann diesen: Union und SPD wollen jeweils ihre Kernwählerschaft zufriedenstellen. Damit sie in vier Jahren wieder an der richtigen Stelle ihr Kreuz macht.

Noch nie hat eine neue Bundesregierung ihre Aufgabe so nüchtern angepackt: ohne Ziel, ohne Plan, ohne Ehrgeiz. Schwarz-Rot will und wird in den kommenden vier Jahren das Land durchaus ordentlich regieren, aber nicht ein zukunftsgestaltendes »Projekt« verwirklichen. Dabei könnte die Riesenmehrheit im Parlament den Hebel bilden, um so einiges in diesem Land aus den Angeln zu heben. Doch genutzt wird sie – jedenfalls innenpolitisch – nicht zu grundlegenden Reformen, sondern allenfalls zu Wohlfühl-Paketen, feinfühlig zugeschnitten auf die jeweiligen wichtigen Wählergruppen. Diese GroKo will möglichst unfallfrei das Wahljahr 2017 erreichen. Das ist ihr erstes und wichtigstes »Projekt«.

Das ist der entscheidende Unterschied zur ersten Großen Koalition. Programmatisch waren Union und SPD 1966 viel weiter auseinander als heute. Aber sie waren sich in der Analyse einig. Das Land steckte in einer Krise, die Arbeitslosigkeit hatte für damalige Verhältnisse eine erschreckende Höhe erreicht, die Strukturprobleme in der Montanindustrie waren mit Händen zu greifen. Die Beziehungen zu den wichtigsten Verbündeten, den Vereinigten Staaten und Frankreich, waren auf dem Tiefpunkt. In dieser Situation war Union wie SPD klar, dass das Land grundlegende Veränderungen brauchte. Die wiederum ließen sich am ehesten von den beiden großen Volksparteien verwirklichen, zumal dazu teilweise Verfassungsänderungen notwendig waren.

Es ist im Rückblick eine beeindruckende Bilanz, die die Regierung Kiesinger/Brandt nach knapp drei Jahren vorlegen konnte. Die erste Rezession der Nachkriegszeit wurde erfolgreich bekämpft, mit der mittelfristigen Finanzplanung eine solide Haushaltspolitik erleichtert und mit dem Stabilitäts- und Wachstumsgesetz wurden wirtschaftspolitisch neue Wege beschritten. »Globalsteuerung«, »gesamtwirtschaftliche Orientierungsdaten« und »magisches Viereck« hießen die neuen Zauberworte. Das Konzept: Der Staat betreibt eine antizyklische Haushalts- und Finanzpolitik, um nach Möglichkeit Rezessionen ebenso zu vermeiden wie konjunkturelle Überhitzungen. Das Stabilitätsgesetz verpflichtete die Regierung, hohen Beschäftigungsstand, außenwirtschaftliches Gleichgewicht, Wirtschaftswachstum und Preisstabilität anzustreben. Der Staat strebte aber keine Feinsteuerung an; die Marktkräfte sollten sich entfalten können.

Für Aufbruchsstimmung sorgte eine weitere Idee von Bundeswirtschaftsminister Karl Schiller: die »Konzertierte Aktion«. Regierung, Bundesbank, Wirtschaftsverbände und Gewerkschaften sollten sich in Gesprächsrunden beim Bundeswirtschaftsminister auf der Basis gesamtwirtschaftlicher Orientierungsdaten auf ein abgestimmtes, »konzertiertes« Vorgehen verständigen. Das klappte bei der Überwindung der Rezession recht gut. Doch die Wirkung dieses Versuches, alle Akteure von einer gemeinsamen Strategie zu überzeugen, verpuffte im anschließenden Aufschwung.

Weitere Großprojekte waren unter anderem die Reform der Umsatzsteuer, die Reform der Finanzverfassung und eine Föderalismusreform, die Gemeinschaftsaufgaben von Bund und Ländern erlaubte. Die Große Koalition war auch die große Zeit der Sozialpolitiker. Der linke Flügel der CDU arbeitete mit dem Gewerkschaftsflügel der SPD bestens zusammen. So wurden neue soziale Wohltaten beschlossen, zu denen die volle Lohnfortzahlung bei Krankheit gehörte. Die Sozialpolitiker von Union und SPD standen sich in vielen Fragen so nahe, dass Karl Schiller gerne von den »Sopos« in allen Parteien sprach, was keinesfalls positiv gemeint war.

Ein ganz wichtiges Vorhaben war die Verabschiedung der sogenannten Notstandsgesetze für den Fall eines nationalen

Notstandes. Mit ihnen wurden noch bestehende Eingriffsrechte der Alliierten abgelöst. Das konnte nur eine Große Koalition gegen den erbitterten Widerstand der APO durchsetzen. Was im Rückblick gerne vergessen wird: Es war ebenfalls die Große Koalition, die im Verhältnis zur DDR erste Schritte zur Entspannung unternahm, ebenso gegenüber dem Ostblock. So nahm Bonn nunmehr auch diplomatische Beziehungen mit osteuropäischen Staaten auf, ohne von diesen zu verlangen, bestehende Beziehungen zur DDR abzubrechen. Obwohl ein weiteres wichtiges Vorhaben – die Einführung eines Mehrheitswahlrechts – am linken Flügel der SPD scheiterte, bleibt als Fazit: Die erste Große Koalition hat ihre große Mehrheit für große Projekte genutzt.

Demgegenüber fällt die Bilanz der zweiten Großen Koalition zwischen 2005 und 2009 nicht so eindeutig aus. Sie war ein Zweckbündnis von zwei Partnern, die durch das Wahlergebnis schwer angeschlagen waren. Entsprechend wenig ambitioniert war ihr Programm. »Koalition der neuen Möglichkeiten« und Regierung »der kleinen Schritte« nannte die frisch gewählte Bundeskanzlerin Angelika Merkel ihr Bündnis. Die Formel von den »kleinen Schritten« sollte kaschieren, dass der »Überbau« fehlte.

Unbestreitbar ist, dass das Land unter »Schwarz-Rot II« wirtschaftlich vorangekommen ist. Bei Amtsantritt betrug die Zahl der Arbeitslosen 4,6 Millionen, im Herbst 2008 – vor Ausbruch der europäischen Finanzkrise – lag sie unter drei Millionen. Das war weniger dieser Regierung zu verdanken als der weltweit anziehenden Konjunktur und den noch unter Rot-Grün eingeleiteten Arbeitsmarkt- und Sozialreformen. Weil manche Verkrustungen aufgebrochen waren, führte die wirtschaftliche Belebung schneller zu höheren Beschäftigungszahlen als in früheren Aufschwungphasen. Angela Merkel erntete, was Gerhard Schröder gesät hatte. Die Sozialdemokraten freilich hatten nichts davon, weil sie sich nach dem Abgang Gerhard Schröders nie mehr uneingeschränkt zur »Agenda 2010« bekannten.

Ein wichtiges Ziel war die Haushaltssanierung. Da zeigte sich wieder einmal, dass sich eine Große Koalition bei der Umsetzung unpopulärer Maßnahmen leichter tut als eine kleine. So setzte Schwarz-Rot II die massivsten Steuererhöhungen in der Geschichte der Bundesrepublik durch. Die Mehrwertsteuer wurde um drei Punkte auf 19 Prozent angehoben und die Versicherungssteuer gleich mit, die Reichensteuer eingeführt, der Sparerfreibetrag halbiert, die Pendlerpauschale zu Lasten der Arbeitnehmer reformiert, die Altersgrenze, bis zu der Kindergeld gezahlt wird, gesenkt und noch manche andere steuerliche Vergünstigung gestrichen. Mehreinnahmen pro Jahr: 28 Milliarden Euro. Schon ein Jahr zuvor war die Eigenheimzulage, die »Häuslebauer« im Jahr um elf Milliarden Euro entlastete, für noch nicht begonnene Eigenheime und Eigentumswohnungen gestrichen worden. Der Staat hat sich damals bei den Bürgern kräftig bedient. Und was hat es gebracht? Nach vier Jahren Schwarz-Rot war die Staatsverschuldung höher als zuvor. Und das hatte nicht nur mit dem Einbruch der Steuereinnahmen im Gefolge der Finanzkrise zu tun.

Mit der Regierung Merkel/Müntefering verbunden bleibt die Anhebung der Regelaltersgrenze beim Rentenbezug von 65 auf 67 Jahre, allerdings stufenweise zwischen 2012 und 2029. Es war ein richtiger, wenn auch unpopulärer Schritt, um im Rentensystem die gravierenden demografischen Veränderungen aufzufangen. Das ging zwangsläufig zu Lasten der Jüngeren. Gleichzeitig versuchte schon die damalige Große Koalition, bei den Älteren zu punkten. Mit Blick auf kommende Wahlen wurde der »Nachhaltigkeitsfaktor« in der Rentenformel für die Jahre 2008 und 2009 ausgesetzt. Das führte in beiden Jahren zu deutlich stärkeren Rentenerhöhungen, als die Rentenkasse eigentlich hergab. Dass die Regierenden dabei die Bundestagswahl 2009 fest im Blick hatten, darf unterstellt werden. Die treuen älteren Stammwähler wollen gepflegt werden.

In der Gesellschaftspolitik setzte Schwarz-Rot eindeutig neue Akzente. Was Rot-Grün nicht geschafft hatte, gelang ausgerechnet einer Bundesfamilienministerin von der CDU: Ursula von der Leyen führte das Elterngeld ein. Es gleicht bei jungen Müttern und Vätern nach der Geburt eines Kindes bis zu 14 Monate lang einen Teil des Verdienstausfalls aus, wenn sie ihre Berufstätigkeit unterbrechen. Flankiert wurde diese neue Familienpolitik durch massive staatliche Unterstützung für den flächendeckenden Bau von Kindertagesstätten. Das waren eigentlich ureigene sozialdemokratische Themen. Doch die Kanzlerin und CDU-Vorsitzende fand Gefallen daran, hinter dem »Schutzschild« der Großen Koalition CDU-Positionen zu räumen, die als überholt und nicht mehr mehrheitsfähig galten. Das traditionelle Familienbild der Union wurde so entsorgt.

Nicht viel anders verhielt es sich beim Thema Integration. Plötzlich vertrat die CDU eine offensive Integrationspolitik. Ausgerechnet eine CDU-Kanzlerin schuf die neue Position einer Staatsministerin im Kanzleramt für Migration, Flüchtlinge und Integration und besetzte das Amt mit der Bundesvorsitzenden der Frauen Union, Maria Böhmer. Auch hier nutzte die Kanzlerin gerne die Zwänge einer Koalition mit der SPD, um die eigene Partei neu zu positionieren.

Von 2007/2008 an zeigte sich jedoch, dass der schwarz-rote Vorrat an Gemeinsamkeiten weitgehend aufgebraucht und der Koalitionsvertrag mehr oder weniger abgearbeitet waren. Recht früh wechselten die Koalitionspartner in den Wahlkampfmodus. So gesehen war die Weltfinanzkrise nach dem Zusammenbruch von Lehman Brothers ein Glücksfall für das Berliner Regierungsbündnis.

Plötzlich war eine Krise da. Sie sorgte in der Großen Koalition für die »zweite Luft«. Die Kanzlerin und ihr Bundesfinanzminister Peer Steinbrück liefen zu Höchstform auf und garantierten den deutschen Sparern, dass ihre Einlagen sicher seien. Doch nicht nur das. Die Regierung tat, was sie konnte, um den absehbaren konjunkturellen Einbruch abzufedern, und griff zu den gängigen Rezepten. Zwei Konjunkturpakete enthielten höhere staatliche Investitionen, Steuersenkungen und verbilligte Kredite für den Mittelstand, bis hin zu einem einmaligen Kinderbonus von 100 Euro je Kind im April 2009.

Besonders wirkungsvoll war die Verlängerung des vom Staat subventionierten Kurzarbeitergeldes von sechs auf zunächst 18 und später 24 Monate. Das erlaubte von Nachfrageeinbrüchen betroffenen Unternehmen, ihre Belegschaften zu halten beziehungsweise die Zahl der Entlassungen zu minimieren. Auf diese Weise wurden etwa 300 000 Arbeitsplätze gerettet. Was aber mindestens ebenso wichtig war: Als die Konjunktur von 2010 an wieder anzog, standen diese qualifizierten Kräfte den Unternehmen sofort zur Verfügung.

Die Große Koalition ging in dieser Krise über die gewohnten antizyklischen Maßnahmen hinaus. Die fünf Milliarden Euro teure Abwrackprämie war eine mehr als fragwürdige Sondersubvention für die Automobilindustrie. Als sie beschlossen wurde, dachten die Regierungsparteien nicht nur an die allgemeine Wirtschaftslage, sondern mindestens ebenso an die Wähler in den »Automobilländern« Baden-Württemberg, Bayern, Niedersachsen und Nordrhein-Westfalen. Mit den Rettungsschirmen für bedrohte Banken und marode Unternehmen, mit der Verstaatlichung der notleidenden Hypo Real Estate wie mit der staatlichen Beteiligung an der angeschlagenen Commerzbank griff die Große Koalition massiv in das Wirtschaftsgeschehen ein. Plötzlich galt die Devise: Je mehr Staat, umso besser. Die SPD war geradezu begeistert davon. In der Union kamen vom Wirtschaftsflügel ordnungspolitische Bedenken, ebenso von der oppositionellen FDP, sie blieben aber ohne Resonanz. Aus der Sicht der meisten Deutschen war die Große Koalition die ideale Konstellation: In einer großen Krise und bei großer Unsicherheit ziehen die beiden großen Parteien an einem Strang.

Geschichte wiederholt sich nicht. Die erste Große Koalition war die Antwort auf eine Krise. Die zweite Große Koalition wurde ein Jahr vor ihrem Ende 2008 durch die weltweite Finanzkrise zum Erfolg verurteilt. Bei der dritten Großen Koalition kann man nur hoffen, dass uns eine schwere internationale Krise wegen Russlands aggressiver Ukraine-Politik ebenso erspart bleibt wie eine neue Euro-Krise. Lieber keine inhaltliche Legitimierung der GroKo als eine durch Krieg oder Krisen.

04 / KOALITIONSVERTRAG: MANIFEST DER GEMEINPLÄTZE

»Die Qualität einer Politikerin oder eines Politikers bemisst sich weniger daran, dass sie oder er umsetzt, was etwa Ökonomen oder Journalisten für richtig halten. Es geht vielmehr darum, mit welcher Konsequenz und Schnelligkeit sie es schaffen, das umzusetzen, was sie für richtig erachten. Ob solch ein durchsetzungsstarker Politiker aber auch als Staatsmann in die Geschichtsbücher eingeht, weil durch seine Politik das Land vorangebracht wurde, das ist eine davon zu trennende Frage.«

Der langjährige »Wirtschaftsweise«
Prof. Dr. Bert Rürup am 26. März 2014 im *Handelsblatt*.

Für neue Zehn Gebote wäre diese Koalitionsvereinbarung zu umfangreich, für eine neue Bibel zu inhaltsarm. Man darf die Bedeutung einer solchen Vereinbarung auch nicht überschätzen. Koalitionsverträge sind keine Vier-Jahres-Pläne, in denen das Regierungshandeln haarklein festgeschrieben wird. Sie sind Absichtserklärungen, bilden den Rahmen. Ohnehin gilt hier sinngemäß, was der preußische General Carl von Clausewitz über Strategie gesagt hat: Planbar ist im Grunde nur der erste Schuss. Mit anderen Worten: Kein Koalitionsvertrag kann abdecken, was im Laufe von vier Jahren geschehen wird. Logischerweise steht zum Beispiel zu Ukraine, Krim und Nordirak kein einziges Wort in dem am 16. Dezember 2013 unterzeichneten schwarz-roten Vertragswerk.

Gleichwohl: So viel Arbeit wie dieses Mal haben sich Koalitionspartner noch nie gemacht. Auf 185 Seiten haben sie niedergeschrieben, was sie bis 2017 alles verändern und verbessern wollen. 185 Seiten – das sind 55 Seiten mehr, als Schwarz-Gelb 2009 aufgeschrieben hatte. Und das war schon der bis dahin umfangreichste Vertrag.

Auch waren noch nie so viele Politiker an Koalitionsverhandlungen beteiligt wie im Herbst 2013. Es gab eine »Kleine Runde« mit 15, eine »Große Runde« mit 77 Verhandlungsführern, zwölf Arbeitsgruppen mit jeweils 16 Unterhändlern und dazu noch vier Unterarbeitsgruppen. Alles in allem verhandelten fast 300 Männer und Frauen, neben dem Berliner Spitzenpersonal auch Ministerpräsidenten und Experten aus dem Bundestag. So war gewährleistet, dass alle innerparteilichen Strömungen der drei künftigen Regierungsparteien ebenso in das große Werk einfließen konnten wie regionale Besonderheiten und Empfindlichkeiten.

Zwischen der Zahl der Unterhändler samt den von ihnen produzierten Seiten und dem Inhalt eines Vertrags besteht freilich kein Zusammenhang. Manchmal gilt auch: Viele Worte, aber keine großen Worte. Bereits die Überschrift sagt alles: »Deutschlands Zukunft gestalten«. Um was, wenn nicht um die Zukunft, will eine Regierung sich denn sonst kümmern? Da war sogar das schwarz-gelbe Programm 2009 ambitionierter: »Wachstum, Bildung, Zusammenhalt« lautete dessen Titel. Dass davon vieles nicht umgesetzt wurde, steht auf einem anderen Blatt. Zum lapidaren Titel des Koalitionsvertrags passt, dass Angela Merkel bei ihrer Regierungserklärung auf ein Motto gleich ganz verzichtete. Was wiederum ehrlich war: Warum eine große Linie, eine zündende Idee, eine neue Perspektive vortäuschen, wenn man das alles im Grunde gar nicht liefern will?

Worte allein machen noch keine Politik. Worte können aber den Geist deutlich machen, der die 185 Seiten durchweht. »Staat« und »staatlich« kommen an 172 Stellen vor, also fast auf jeder Seite. Von den Bürgerinnen und Bürgern, die doch angeblich im Mittelpunkt der Politik stehen, ist nur 112 Mal die Rede; dabei sind bürgerschaftliches Engagement und ähnliches schon mitgezählt. Die Worte »entstaatlichen« oder »Entstaatlichung« kommen an keiner einzigen Stelle vor. Privatisierung wird ganze drei Mal erwähnt, aber in einem negativen Zusammenhang wie bei der durchaus richtigen Feststellung: »Die Spielregeln der Sozialen Marktwirtschaft sind ausgehebelt, wenn der Privatisierung von Gewinnen die Sozialisierung von Verlusten gegenüber steht.« Da wird deutlich, dass Parteien am Werk sind, die Vater Staat noch mehr Aufgaben zutrauen, als der ohnehin schon an sich gerissen hat.

Irgendwie ist es geradezu putzig, wenn die Koalitionäre durchgängig von »Bürgerinnen und Bürgern« sprechen, sich also hundertprozentig politisch korrekt verhalten. Nicht ins Bild will freilich passen, dass Bürgerrechte, Bürgerbeteiligung oder bürgerfreundliche Maßnahmen gestärkt oder ausgebaut werden sollen, Bürgerinnenrechte, Bürgerinnenbeteiligung oder bürgerinnenfreundliche Vorhaben im GroKo-Katalog aber nicht vorgesehen sind. Ob die schwarzen und roten Gralshüter des »Gender Mainstreaming« da auf unentschuldbare Weise versagt haben? Oder ob christlich-demokratische und sozialdemokratische Machos ein bisschen sprachlichen Widerstand leisten wollten? Wir werden es wohl erst erfahren, falls eine oder einer der beteiligten Unterhändlerinnen beziehungsweise Unterhändler auf dem Totenbett diese schreckliche Sünde seinen nächsten Angehörigen beichtet.

Der Koalitionsvertrag enthält viele wichtige Festlegungen, wie immer man zu ihnen stehen mag: Rente mit 63, Mindestlohn, die Ausweitung der doppelten Staatsbürgerschaft oder das prinzipielle Festhalten an der bisherigen Euro-Politik. Weil es keinen schwarz-roten Faden, keine Grundmelodie gibt, werden die konkreten Festlegungen in zahllose Gemeinplätze, Selbstverständlichkeiten, Phrasen und Floskeln eingebettet – ein bisweilen unfreiwillig komisch klingendes Geschwafel.

Da gibt es Allgemeinplätze, die an Schlichtheit nicht zu überbieten sind:

- »Wir wollen, dass alle Menschen in Deutschland – Kinder, Frauen und Männer, Junge und Alte, in Ost und West – ein gutes Leben führen können.« (Seite 7)
- »Wir treten für eine lebenswerte Heimat und gute Zukunftsperspektiven überall in Deutschland ein – in der Stadt und auf dem Land.« (Seite 10)
- »Der Tourismus in Deutschland ist ein wichtiger Wirtschaftsfaktor. (…) Dazu benötigt der Tourismus ein gutes

Preis-Leistungsverhältnis, Qualität und Freundlichkeit im Service und weitere Anstrengungen mit Blick auf die Barrierefreiheit.« (Seite 24)

- »Pünktlichkeit und Zuverlässigkeit müssen Markenzeichen der Bahn sein. (Seite 42)

Es fehlt auch nicht an Selbstverständlichkeiten, die jede andere Koalition auch unterschreiben könnte:

- »Wir werden eine qualitativ hochwertige, flächendeckende und bezahlbare Versorgung der Bürgerinnen und Bürger mit Postdienstleistungen sicherstellen.« (Seite 17)
- »Das Krankenhaus der Zukunft muss gut, gut erreichbar und sicher sein.« (Seite 78)
- »Der unmittelbare Zugang zu neuen Arzneimitteln für alle Versicherten in Deutschland ist ein hohes Gut.« (Seite 80)
- »Die Sicherstellung einer flächendeckenden Versorgung mit Geburtshilfe ist uns wichtig.« (Seite 82)
- »In der kommenden Legislaturperiode werden wir u.a. den 100. Jahrestag des Ausbruchs des Ersten Weltkrieges, 25 Jahre Mauerfall und Deutsche Einheit, das Gedenken an 70 Jahre Befreiung der Konzentrationslager, Ende des Zweiten Weltkrieges und 80 Jahre ›Nürnberger Gesetze‹ angemessen begehen.« (Seite 131)
- »Die Bundesregierung versteht sich als fairer Partner des organisierten Sports.« (Seite 137)
- »Die Koalition macht es sich zur Aufgabe, die Wirksamkeit des Regierungshandelns gezielt zu erhöhen, und erar-

beitet dazu eine ressortübergreifende Strategie ›Wirksam und vorausschauend regieren‹.« (Seite 150)

Trotz allen Feilschens um wichtige Einzelheiten nahmen sich die Autoren des Vertrags die Zeit, die Bürgerinnen und Bürger auch zu loben und ihre Arbeit zu würdigen:

- »Wir würdigen die Leistungen der Land- und Ernährungswirtschaft in Deutschland für die Sicherung einer gesunden Ernährung und den Erhalt vielfältiger Kulturlandschaften.« (Seite 121)
- »Die deutschen Milcherzeuger leisten einen wichtigen Beitrag zur Wertschöpfung in ländlichen Räumen und zum Erhalt der Kulturlandschaft.« (Seite 122)
- »Unseren Soldaten, Polizisten, Diplomaten, Entwicklungs- und Aufbauhelfern gebühren unser Dank und unsere Anerkennung.« (Seite 175)

Diese Koalition will nicht abgehoben über die Menschen hinwegregieren:

- »Wir wollen unser Regierungshandeln stärker an den Werten und Zielen der Bürgerinnen und Bürger ausrichten und führen daher einen Dialog mit ihnen über ihr Verständnis von Lebensqualität durch.« (Seite 15)
- »Wir werden deshalb einen Dialog über die Rolle und das Selbstverständnis sowie die gesellschaftliche Akzeptanz einer zukunftsorientierten Industrie anstoßen.« (Seite 18)

- »Ausgerichtet an den Zielen des Nationalen Radverkehrsplans 2020 werden wir den breiten gesellschaftlichen Dialog über neue Wege und Umsetzungsstrategien zur Radverkehrsförderung intensivieren.« (Seite 45)
- »Wir erkennen die Vorbehalte des Großteils der Bevölkerung gegenüber der grünen Gentechnik an.« (Seite 124)
- »Wir wollen Bürgerinnen und Bürger und die Akteure der Zivilgesellschaft konsequent in die Diskussion um Zukunftsprojekte und die Ausgestaltung von Forschungsagenden einbinden.« (Seite 151)
- »Wir wollen die Informationen über politische Entscheidungen quantitativ und qualitativ verbessern und die Beteiligungsmöglichkeiten für die Menschen an der politischen Willensbildung ausbauen. (...) Deutschland wird im Rahmen der ›Digitalen Agenda‹ der EU-Kommission einen ›Digital Champion‹ benennen.« (Seite 151)

Diese Koalition widmet sich mit Eifer auch den nicht so im Brennpunkt des Interesses stehenden Themen:

- »Die Entwicklung auf dem Fernbusmarkt beobachten wir aufmerksam.« (Seite 44)
- »Die Koalition sorgt gemeinsam mit anderen Staaten für einen besseren Vogelschutz entlang der Zugrouten.« (Seite 119)
- »Der Analyse, dem Austausch und der Reflexion dienen eine verstärkte Kulturpolitikforschung und eine gegebenenfalls gesetzlich zu sichernde Kulturstatistik.« (Seite 128)

In einem Vertragswerk, an dem so viele mitgearbeitet haben, findet sich zwangsläufig auch viel heiße Luft:

- »Neben der Klärung der rechtlichen Fragen möchten wir die Etablierung heterogener, frei vernetzter und lokaler Communities und ihrer Infrastrukturen forcieren. Durch die Förderung dieser sowie von Ad-hoc-Netzwerken im Rahmen der F&E-Strategie sollen lokale, dezentrale Netzwerke unterstützt werden, die eine komplementäre Infrastruktur für einen fest definierten Nutzerkreis umfassen.« (Seite 48)
- »Wir sehen das Zusammenspiel von Nutzenbewertung und anschließenden Preisverhandlungen grundsätzlich als lernendes System, das wir bei Bedarf weiterentwickeln werden.« (Seite 81)
- »Die Kinder- und Jugendhilfe soll auf einer fundierten empirischen Grundlage in einem sorgfältig strukturierten Prozess zu einem inklusiven, effizienten und dauerhaft tragfähigen und belastbaren Hilfesystem weiterentwickelt werden.« (Seite 99)
- »Wir entwickeln die Kreislaufwirtschaft zu einem effizienten Instrument einer nachhaltigen Stoffstromwirtschaft.« (Seite 119)

Was immer die Autoren sich dabei gedacht haben: Sie können davon ausgehen, dass außer den Beteiligten niemand die 185 Seiten vollständig liest. Doch bietet der Vertrag jeder denkbaren Interessengruppe ihre »Stelle«, an der sie erkennen kann, wie groß das Herz der Großen Koalition ist und für wie hilflos und hilfebedürftig sie den Einzelnen hält. Hier wird wirklich an alle gedacht – zumindest auf dem Papier.

05 / DIE HANDSCHRIFT DER CDU/CSU: GOOD BYE, ERHARD!

»Ich bin in der letzten Zeit allenthalben erschrocken, wie übermächtig der Ruf nach kollektiver Sicherheit im sozialen Bereich erschallte. Wo aber sollen wir hinkommen und wie wollen wir den Fortschritt aufrechterhalten, wenn wir uns immer mehr in eine Form des Zusammenlebens von Menschen begeben, in der niemand mehr die Verantwortung für sich selbst zu übernehmen bereit ist und jedermann Sicherheit im Kollektiv gewinnen möchte. Ich habe diese Flucht vor der Eigenverantwortung drastisch genug gekennzeichnet, wenn ich sagte, daß, falls diese Sucht weiter um sich greift, wir in eine gesellschaftliche Ordnung schlittern, in der jeder die Hand in der Tasche des anderen hat. Das Prinzip heißt dann: Ich sorge für die anderen und die anderen sorgen für mich.«

Ludwig Erhard in *Wohlstand für alle*, erschienen 1957.

Ludwig Erhard ist seit mehr als 37 Jahren tot. Seine kurze, nicht gerade ruhmreiche Zeit als Kanzler (1963–1966) ist vergessen, seine Zeit als Bundeswirtschaftsminister (1949–1963) und legendärer »Vater des deutschen Wirtschaftswunders« hingegen nicht. Doch teilt er das Schicksal aller Toten: Er kann sich nicht wehren, wenn Nachgeborene sich auf ihn berufen, sich als seine Jünger gerieren oder zu Gralshütern seiner Ordnungspolitik aufplustern.

1998 hat es bereits Oskar Lafontaine versucht. Als damaliger SPD-Vorsitzender gab er vor, nur die Sozialdemokraten könnten Erhards Vorstellungen von der Sozialen Marktwirtschaft wiederbeleben. Als Bundeskanzler Gerhard Schröder dann nach seiner Steuerreform im Jahr 2000 mit bisher nie dagewesenen Steuersenkungen die Wirtschaft ankurbelte und 2003 mit der »Agenda 2010« – ganz im Sinne Erhards – den wuchernden Sozialstaat etwas zurückstutzte, war Lafontaine schon nicht mehr dabei.

Inzwischen versucht Lafontaines neue Partei, Die Linke, mit dem Pfund der Sozialen Marktwirtschaft zu wuchern. Seine Lebens- und Kampfgefährtin Sahra Wagenknecht vergießt in ihrem Buch *Freiheit statt Kapitalismus* bittere Tränen wegen der »gebrochenen Versprechen Ludwig Erhards«. Auch Sigmar Gabriel, einer von Lafontaines Nach-Nachfolgern, warf der CDU vor der Bundestagswahl 2013 immer wieder vor, sie habe die Soziale Marktwirtschaft verraten – ohne großen Erfolg. Andrea Nahles, einst linke Flügelfrau der SPD, fühlt sich als Bundesarbeitsministerin und großzügige Wohltäterin von Arbeitnehmern und Rentnern ebenfalls in der Tradition Erhards. Mit Mindestlohn, Mütterrente und Rente mit 63 »schlagen wir ein weiteres Kapitel der Sozialen Marktwirtschaft in Deutschland auf« – meint jedenfalls die Ministerin.

Wenn alle von der Sozialen Marktwirtschaft reden, kann die CDU-Vorsitzende Angela Merkel nicht zurückstehen. In ihrer Regierungserklärung Ende Januar 2014 beschwor sie gleich zwölf Mal die Verheißungen der Sozialen Marktwirtschaft, erhob dieses ordnungspolitische Konzept sogar drei Mal zum »Kompass« der Großen Koalition. Ihre Begründung: Die deutsche Wirtschafts- und Gesellschaftsordnung verbinde wirtschaftliche Kraft mit sozialem Ausgleich und stelle den Menschen in den Mittelpunkt. Der neue Fraktionsvorsitzende der SPD, Thomas Oppermann, pries die Soziale Marktwirtschaft ebenfalls als Basis von Schwarz-Rot: Sie sorge für den Grundkonsens zwischen den Koalitionspartnern.

Bei aller Betonung der Sozialen Marktwirtschaft: Ludwig Erhard erwähnte die GroKo-Kanzlerin in ihrer Regierungserklärung kein einziges Mal. Es war auch besser so. Denn das Programm der Großen Koalition atmet viel vom Umverteilungsgeist der 1970er Jahre in der alten Bonner Republik. Gesetzlicher Mindestlohn, Rente mit 63 und Mütterrente stehen nämlich genau für eine Politik, gegen die Erhard als Wirtschaftsminister kämpfte und über die er als Polit-Pensionär gern laut grummelte. Schwarz-Rot steht für mehr staatliche Fürsorge und weniger private Vorsorge und damit für das Gegenteil Erhard'scher Prinzipien.

In seiner wirtschaftspolitischen Bibel *Wohlstand für alle* warnte Erhard schon 1957 vor einem wirtschafts- und sozialpolitisch zu aktiven Staat: »Die wachsende Sozialisierung der Einkommensverwendung, die um sich greifende Kollektivierung der Lebensplanung, die weitgehende Entmündigung des Einzelnen und die zunehmende Abhängigkeit vom Kollektiv oder vom Staat (…) müssen die Folgen dieses gefährlichen Weges hin zum Versorgungsstaat sein, an dessen Ende der soziale Untertan und die bevormundende Garantierung der materiellen Sicherheit durch einen allmächtigen Staat, aber in gleicher Weise auch die Lähmung des wirtschaftlichen Fortschritts in Freiheit stehen wird.« Als Kommentar zur Regierungserklärung hätte Erhard, wenn er noch lebte, sich also selbst zitieren können.

Natürlich lassen sich die politischen Verhältnisse der 1960er Jahre nicht gleichsetzen mit denen von heute. Auch Ludwig Erhard würde unter den Bedingungen eines globalen Wettbewerbs sicherlich manches anders beurteilen. Aber für die alles andere als solide Finanzierung von Sozialleistungen hatte er schon 1957 die passende Formulierung gefunden: »Verschleierungsversuche mittels kollektiver Umlegeverfahren«. Das passt bestens zu den Rentengeschenken der Großen Koalition. Ebenso diese Erhard'sche Weisheit: »Kein Staat kann seinen Bürgern mehr geben, als er ihnen vorher abgenommen hat – und das auch noch abzüglich der Kosten einer immer mehr zum Selbstzweck ausartenden Sozialbürokratie. Es gibt keine Leistungen des Staates, die sich nicht auf Verzichte des Volkes gründen.«

Angela Merkel hat die Philosophie der Koalitionspolitik so beschrieben: »Im Zweifel handeln wir für den Menschen. Bei jeder Abwägung von großen und kleinen Interessen, bei jedem Ermessen: Die Entscheidung fällt für den Menschen.« Der Staat als Betreuer und Beschützer – das ist doch ziemlich weit entfernt von Erhards Vorstellung vom selbständigen, eigenverantwortlich handelnden Menschen: »Das mir vorschwebende Ideal beruht auf der Stärke, dass der einzelne sagen kann: Ich will mich aus eigener Kraft bewähren, ich will das Risiko des Lebens selbst tragen, will für mein Schicksal selbst verantwortlich sein. Sorge Du, Staat, dafür, dass ich dazu in der Lage bin.«

Nun gut, wenn Angela Merkel das hätte zitieren wollen, hätte der Koalitionspartner SPD im gleichen Atemzug widersprochen. Doch selbst ohne diese unumgängliche koalitionspolitische Rücksichtnahme ist die Union heute meilenweit von Ludwig Erhard und seinen Vorstellungen entfernt. Der einst wichtige und mächtige Wirtschaftsflügel führt in der Merkel-Union nur noch ein Schattendasein. Seine Vertreter im Bundestag kritisieren den Kurs der Kanzlerin in Talkshows, heben im Bundestag aber brav die Hand für genau diese aus ihrer Sicht falsche Politik.

So hielten bei der Abstimmung über das Rentenpaket im Mai 2014 nur 9 der 311 Mitglieder der CDU/CSU-Fraktion dem Druck der Fraktionsführung stand und stimmten mit Nein. Es waren überwiegend jüngere Abgeordnete, die in der Einführung der Rente mit 63 eine Aufkündigung des Generationenvertrags sehen. Von den ausgewiesenen Wirtschafts- und Finanzpolitikern der Fraktion stimmten nur zwei gegen die eigene Regierung: Christian von Stetten, der mittelstandspolitische Sprecher der Fraktion, und der »Euro-Rebell« Klaus-Peter Willsch.

Noch weniger Helden und noch mehr »Maulhelden« (*Die WELT*) gab es in den Reihen der Unionsfraktion bei der Abstimmung über den flächendeckenden gesetzlichen Mindestlohn Anfang Juli 2014. Lediglich die niedersächsische CDU-Abgeordnete Gitta Connemann sowie ihre vier ostdeutschen

Kollegen Thomas Feist, Andreas Lämmel, Katharina Landgraf und Jana Schimke sagten Nein. Wortgewaltige Mindestlohn-Kritiker wie Fraktionsvize Michael Fuchs oder Peter Ramsauer, der Vorsitzende des Wirtschaftsausschusses, stimmten – in eklatantem Widerspruch zu ihrer Mindestlohn-Kritik – dagegen mit Ja. Es war also ehrlich, dass die Kanzlerin eine nicht näher definierte, selbst von der Linken für sich reklamierte Soziale Marktwirtschaft zum Kompass der Koalition erklärt hat – aber Ludwig Erhard lieber nicht erwähnt hat.

Wenn die führenden Politiker der GroKo die Soziale Marktwirtschaft als Leitbild beschwören, verfolgen sie unterschiedliche Ziele. Die Union versucht den Anschein zu erwecken, sie stehe nach wie vor auf den Schultern ihres wirtschaftspolitischen Vordenkers von einst. Die SPD wiederum ist bemüht, sich von der als neoliberal verschrienen Politik Gerhard Schröders abzusetzen und als Kontrast zur »Agenda 2010« das Sozial in »Sozialer Marktwirtschaft« ganz groß zu schreiben. Gleichzeitig verleugnen beide, dass es sich bei diesem Konzept um mehr als eine wirtschaftspolitische Ordnung handelt, sondern um ein Gesellschaftsmodell. Der Staat setzt nach Ludwig Erhards Vorstellungen eben nicht nur den Rahmen für den Wettbewerb der Unternehmen untereinander.

Sein Leitbild ist der selbständige, verantwortlich handelnde Mensch. »Wohlstand für alle« wird demnach nicht erreicht, wenn der Staat möglichst viel umverteilt. »Wohlstand für alle« ist vielmehr das Ergebnis einer freien Gesellschaft, die jedem Menschen die Möglichkeit zur freien Entfaltung und zur Leistung einräumt.

Erhard war der Überzeugung, man müsse die Menschen fordern. Die CDU stand ebenfalls lange Zeit für diesen Grundsatz. Den Sozialdemokraten hingegen ging es stets mehr um die Betreuung und Versorgung der Menschen. Bereits in der zweiten Großen Koalition von 2005 bis 2009 wurde jedoch deutlich, dass sich beide Parteien einander sehr angenähert haben, wobei die Union vor allem in der Sozialpolitik auf sozialdemokratischen Kurs eingeschwenkt ist. Markt, Wettbewerb und private Initiative als tragende Elemente unserer Wirtschafts- und Gesellschaftsordnung werden unter »Schwarz-Rot III« deshalb sicherlich nicht gestärkt.

Mit Blick auf die Wähler ist das sogar förderlich. Ungeachtet aller wirtschaftlichen Erfolge und des daraus resultierenden hohen Lebensstandards hegen die Deutschen nämlich eine stille Liebe zur Planwirtschaft. Das Institut für Demoskopie Allensbach veröffentlichte Ende 2013 den Befund, dass eine relative Mehrheit der Deutschen der Ansicht ist, »dass es ihnen ganz persönlich in einem Wirtschaftssystem, das stärker vom Staat kontrolliert wird, besser oder zumindest nicht schlechter gehen würde als in der sozialen Marktwirtschaft«. Dass die »Planwirtschaftler« in Ostdeutschland mit 42 zu 18 Prozent stärker sind als die »Marktwirtschaftler«, ist nach den Erfahrungen mit der sozialistischen Marx- und Murks-Wirtschaft sowie nach all den Erfolgen des »Aufbau Ost« nur schwer zu verstehen. Noch unverständlich ist, dass sich im Westen nur eine knappe Mehrheit von 36 zu 34 Prozent von der Sozialen Marktwirtschaft ein besseres Leben verspricht als von einer Staatswirtschaft.

Wenn das keine guten Nachrichten für die GroKo-Parteien sind: Der Staat ist »in«, Ludwig Erhard dagegen »out«.

06 / DIE HANDSCHRIFT DER SPD: DANKE GERHARD, DAS WAR'S!

*»**ZEIT:** Die Agenda ist zehn Jahre her. Ihre Partei ist bei der Bundestagswahl auf 23 Prozent abgerutscht und hat sich seither nicht erholt. Warum dauert das Unglück der SPD so lange an?*
***Müntefering:** Weil wir uns selbst nicht gelobt haben und nicht loben. Wir haben einiges getan, um das Land erheblich zu stabilisieren. Das kann man ja beweisen, anhand von Zahlen und Fakten. Wenn man das alles für falsch erklärt, zum Teil in dramatischen Worten, darf man sich nicht wundern, wenn die Leute sagen: Warum sollen wir die denn jetzt wieder wählen? Wir müssen uns nicht von unserer Vergangenheit distanzieren. Also bitte: Selbstbewusstsein. (…)*
***ZEIT:** Die Agenda 2010 und die Rente mit 67 folgten dem Leitsatz: Zuerst das Land, dann die Partei. Gibt es eine Situation, in der die Volkspartei SPD sagen darf: Zuerst die Partei, dann das Land?*
***Müntefering:** Wie hält man das auseinander? Was heißt das: gut für die Partei? Das nächste Wahlergebnis? Das greift viel zu kurz. Trotz der Niederlagen 2005 und 2009 wird in den Geschichtsbüchern stehen: Die SPD hat mit der Agenda dafür gesorgt, dass Deutschland besser durch die Krisen dieser Jahre gekommen ist. Was gut ist für das Land, ist am Ende gut für die Partei.«*

Der frühere SPD-Vorsitzende und Bundesarbeitsminister Franz Müntefering in *Die Zeit* vom 15. August 2013.

Der 14. März 2003 markiert einen tiefen Einschnitt in der deutschen Wirtschafts- und Sozialpolitik. Mit seiner »Agenda 2010«-Rede leiteten Bundeskanzler Gerhard Schröder und seine rot-grüne Koalition die bisher einschneidendsten Sozialreformen ein. Im Unterschied zu anderen Reformen hielt die »Agenda 2010« für die Bürger nicht neue Wohltaten bereit, sondern nahm Abstriche am sozialen Status quo vor. »Wir werden Leistungen des Staates kürzen, Eigenverantwortung fördern und mehr Eigenleistung von jedem Einzelnen abfordern müssen«, lauteten die Kernsätze in Schröders Regierungserklärung. Was Rot-Grün auch tat.

Schröder stand damals wirtschaftspolitisch mit dem Rücken zur Wand. Denn mit dem im Wahlkampf 1998 versprochenen »Mehr an sozialer Gerechtigkeit« war er gescheitert. Die Aussetzung des »Demografiefaktors« bei der Rentenberechnung hatte die Rentenkassen weiter geleert, die Rücknahme der Sparmaßnahmen im Gesundheitsbereich die Finanzen der gesetzlichen Krankenversicherung strapaziert. Für Leistungsempfänger ohne Arbeit war das Leben angenehmer geworden: Bei der Arbeitslosenversicherung wurden die Zumutbarkeitskriterien für eine neue Stelle aufgeweicht. Zudem wurden die Kontrollen, ob sich jemand um einen Job bemüht oder nicht, gelockert. Das Ergebnis: Die deutsche Wirtschaft wuchs kaum. Dafür schnellten die Arbeitslosigkeit, die Ausgaben für Sozialleistungen und das Haushaltsdefizit in die Höhe.

Schröder musste handeln. Dabei achtete er mehr auf die Ratschläge des Sachverständigenrats und der Wirtschaft als auf die Beschlusslage der eigenen Partei. Das trübte sein Verhältnis zu den eigenen Genossen und verprellte die Gewerkschaften. Den eigenen Wählern wiederum mutete er mehr zu, als seine Vorgänger Helmut Kohl und seine Nachfolgerin Angela Merkel dies jemals getan haben. Man mag darüber streiten, ob Schröder Kanzler geblieben wäre, wenn er bis zu den regulären Wahlen 2006 durchgehalten und bereits die ersten Früchte dieser Politik geerntet hätte. So aber riskierte er im Herbst 2005 vorgezogene Neuwahlen, die ihn die Kanzlerschaft kosteten.

Das Land hingegen hat durch die »Agenda 2010« gewonnen. Deutschland verbesserte seine internationale Wettbewerbsfähigkeit deutlich, ohne den Sozialstaat, wie »Agenda«-Gegner bis heute behaupten, zu schleifen. Mit den »Hartz«-Gesetzen wurde der verkrustete Arbeitsmarkt aufgebrochen. Die Bezugsdauer des Arbeitslosengeldes für Ältere wurde von 32 auf 18 Monate gekürzt. Die Zusammenlegung von Arbeitslosenhilfe und Sozialhilfe beendete die Praxis, dass einstmals gut bezahlte Facharbeiter mit bis zu 57 Prozent ihrer früheren Bezüge die Zeit zwischen Arbeitsplatzverlust und vorgezogener Rente relativ angenehm überbrücken konnten. So zählten die Bezieher von Arbeitslosenhilfe zu den größten Verlierern der »Agenda«-Politik.

Die Zusammenlegung von Arbeitslosenhilfe und Sozialhilfe hatte einen weiteren Effekt. Wer »unter den üblichen Bedingungen des allgemeinen Arbeitsmarktes mindestens drei Stunden täglich« arbeiten konnte, galt nunmehr als erwerbsfähig. Für diesen Personenkreis war von 2005 an nicht mehr das Sozialamt, sondern das Arbeitsamt zuständig. Die Kommunen stuften bis zu 90 Prozent ihrer bisherigen Sozialhilfebezieher als erwerbsfähig ein. So wurden 2005 eine Million Sozialhilfeempfänger zu den Arbeitsämtern »transferiert«. Das ließ zunächst die Arbeitslosigkeit auf 5,3 Millionen anschwellen. Was wiederum dazu führte, dass ihnen Arbeit angeboten wurde, die sie annehmen mussten, wenn sie keine finanziellen Sanktionen riskieren wollten. Denn nach dem Grundsatz »Fordern und Fördern« mussten Arbeitslose praktisch jede Arbeit annehmen, wenn sie sich nicht mit »Hartz« IV begnügen wollten. Das alles war hart – aber wirkungsvoll.

Bereits 2006 begannen die Reformen zu wirken. Die Beschäftigung nahm zu. Durch Minijobs sowie erleichterte Teilzeit- und Zeitarbeit weitete sich zugleich der Niedriglohnsektor aus. Die Beschäftigung stieg, die Arbeitslosigkeit ging deutlich zurück. Da regierte bereits die Große Koalition unter Angela Merkel. Sie und die Union heimsten den Lohn für diese Politik ein, aber nicht die SPD. Was die SPD in erster Linie sich selber zuzuschreiben hatte. Gerhard Schröder hatte schon im Wahlkampf 2005 angesichts miserabler Umfragezahlen vor »sozialen Schweinereien« der CDU gewarnt und sich damit implizit von den eigenen Reformen distanziert.

Bis heute weiß die SPD nicht, ob sie auf die Erfolge der »Agenda 2010« stolz sein soll oder ob sie sich wegen der damit verbundenen sozialen Härten eigentlich schämen müsste. So tun führende Sozialdemokraten beides – und verwirren ihre potenziellen Wähler umso mehr. Diese ambivalente Haltung ist einerseits das Ergebnis der ständigen Spannungen zwischen Pragmatikern und Ideologen innerhalb der SPD, andererseits eine Folge der neuen Konkurrenz von links, der Partei Die Linke. Dass die ehemalige PDS in den alten Ländern Fuß fassen konnte, war zweifellos ein Kollateralschaden der Schröder-Reformen. Ohne »Agenda 2010« hätte die 2002 an der Fünf-Prozent-Hürde gescheiterte PDS bei den Neuwahlen 2005 wohl kaum die Westausdehnung und die Rückkehr in den Bundestag geschafft. Vor allem der frühere SPD-Vorsitzende Oskar Lafontaine half der Linkspartei in den alten Ländern, von der SPD-Sozialpolitik enttäuschte Wähler für sich zu gewinnen.

Ambivalent gegenüber ihrer eigenen Politik unter Schröder verhielt sich die SPD selbst in der Großen Koalition zwischen 2005 und 2009. Ihr Arbeitsminister Franz Müntefering setzte die Rente mit 67 durch, schrieb also die »Agenda« fort. Zugleich drängte der linke Flügel der Partei darauf, dass der Bezug des Arbeitslosengeldes I für ältere Arbeitslose auf bis zu 24 Monate verlängert wurde – eine Korrektur der »Agenda«. Dass Müntefering 2007 sein Amt als Arbeitsminister aufgab, hatte nicht nur familiäre Gründe. Bei der Korrektur des Arbeitslosengeldes I hatte ihn der damalige Parteivorsitzende Kurt Beck öffentlich demontiert.

Nach 2009 rückte die SPD als Oppositionspartei auf ihren Parteitagen unter dem Vorsitzenden Sigmar Gabriel immer weiter von den »Agenda«-Gesetzen ab. Schröders ehemaliger Superminister für Wirtschaft und Arbeit, Wolfgang Clement, verspottete den Kurs des aus Goslar im Harz stammenden

Gabriel als »Harzer Roller rückwärts«. Denn plötzlich forderte die SPD, die Bezugsdauer des Arbeitslosengeldes I auf 36 Monate zu verlängern, die »Hartz«-IV-Sätze deutlich anzuheben sowie die Zeit- und Leiharbeit signifikant zu erschweren. Hätte es bei der Bundestagswahl 2013 für Rot-Grün gereicht, wäre vieles davon umgesetzt worden. Immerhin gelang der SPD mit der Rente mit 63 in der GroKo ein weiterer Dammbruch.

Gleichwohl: Ein Jahrzehnt nach Schröders »Agenda«-Rede ist die Bilanz dieser Politik überwiegend positiv. Viele der damals neu eingeführten Regelungen sind heute noch hilfreich. Der Druck auf Arbeitslose, eine Arbeit aufzunehmen, ist unverändert höher als vor 2005. Das hat zu einer höheren Beschäftigung geführt. Man darf auch die psychologische Bedeutung nicht unterschätzen, die der damalige Kurswechsel ausgelöst hat. Vor der »Agenda 2010« hatte die Politik vor der Arbeitslosigkeit mehr oder weniger kapituliert; eine signifikante Senkung der Arbeitslosenquote galt als ausgeschlossen. Inzwischen wissen alle: Richtige Wirtschaftspolitik wirkt doch.

Schröder hat mit seiner Politik ebenso dafür gesorgt, dass die Tarifpolitik viel flexibler geworden ist. Seine Drohung, wenn Arbeitgeber und Gewerkschaften sich nicht bewegten, müsse der Staat eingreifen, wirkte. Seit 2004 erlauben viele Tarifverträge den Betrieben, zeitweilig vom Flächentarif abzuweichen, wenn eine schlechte Auftragslage keinen anderen Ausweg zulässt. Das wirkte sich vor allem in der Konjunkturkrise 2008/2009 positiv auf die Beschäftigung aus.

Als Gerhard Schröder den Kurswechsel wagte, war Deutschland der »kranke Mann« Europas. Inzwischen ist dieses Land die Konjunkturlokomotive des alten Kontinents, hat fast 42 Millionen Erwerbstätige und 29 Millionen Beitragszahler der Sozialkassen – mehr als jemals zuvor. Kein anderes Land ist so gut durch die Finanzkrise 2008/2009 gekommen wie die Bundesrepublik. Das alles ist nicht nur die Folge der »Agenda«-Politik. Die Innovationskraft unserer Unternehmen hat zu diesem deutschen »Jobwunder« ebenso beigetragen wie eine sehr besonnene Tarifpolitik und die Wachstumspolitik der CDU/FDP-Koalition nach 2009.

Die Bedeutung der »Agenda 2010« für Deutschlands wirtschaftlichen Wiederaufstieg zur Konjunkturlokomotive Europas ist freilich unbestritten. Und die Haltung der SPD zu diesem Ergebnis der Schröder'schen Politik auch: »Wir haben fertig.«

07 / SCHWARZ-ROTE RENTNERREPUBLIK: »HAPPY HOUR« FÜR MÜTTER

»Vielen ist nicht klar, dass die Verbesserungen bei der Mütterrente sowie auch die neue Rente ab 63 nicht nur die Beitragszahler belastet, sondern auch die Rentner selbst. Denn das Rentenpaket verändert einzelne Faktoren bei der Rentenanpassung. Rentner werden dadurch bis zum Jahr 2030 eine um 1,6 Prozent niedrigere Standardrente haben als ohne Reform. In heutigen Werten gerechnet sind das etwa 20 Euro pro Monat. Gleichzeitig steigen die Beiträge schneller als bislang kalkuliert. Es gibt nicht nur eine erhebliche Umverteilung von den Jüngeren zu den Älteren, sondern auch innerhalb einer Generation.«

Axel Reimann, Präsident der Deutschen Rentenversicherung, in der *Süddeutschen Zeitung* vom 7. Juni 2014.

Käme jemand auf die Idee, anhand von Schlagzeilen und Talkshow-Titeln zu ermitteln, was 2014 das größte innenpolitische Problem war, so könnte er nur zu einem Schluss gelangen: die schreiende Notlage von Rentnern beziehungsweise die drohende Notlage der heute 63-Jährigen. Das Elend muss in diesen Bevölkerungsgruppen so groß sein, dass die GroKo-Parteien nichts Eiligeres zu tun hatten, als hier kräftige Korrekturen vorzunehmen. Das Ergebnis: Die teuerste Rentenreform seit Einführung der »Dynamischen Rente« im Jahr 1957. Gesamtbelastung: Rund 32 Milliarden Euro bis zum

Ende der Legislaturperiode im Herbst 2017, etwa 160 Milliarden Euro bis zum Jahr 2030.

Wer auch das »Kleingedruckte« liest, stellt schnell fest, dass die Rentnerinnen und Rentner keineswegs am Rande des Existenzminimums dahinvegetieren. Im Gegenteil: Noch nie waren die Rentner in diesem Land finanziell besser gestellt als heute. Zumal man nicht vergessen darf, dass die meisten Rentnerinnen und Rentner nicht allein auf die monatliche Überweisung von der staatlichen Rentenversicherung angewiesen sind, sondern darüber hinaus regelmäßige Einnahmen aus Betriebsrenten und privater Altersvorsorge haben. Letztere machen durchschnittlich ein Drittel der Rentnereinkommen aus. Zudem wohnt etwa die Hälfte der Senioren in eigenen Immobilien.

Das scheinbare Elend der nicht mehr oder bald nicht mehr Arbeitenden konzentriert sich auf zwei Gruppen: Arbeitnehmer kurz vor Vollendung des 63. Lebensjahres und Mütter, deren Kinder vor 1992 geboren wurden. Den einen ist es nach Ansicht unserer Betreuungskoalition nicht zuzumuten, länger zu arbeiten. Sie sollen deshalb die Rente schon mit 63 Jahren beziehen dürfen, wenn sie 45 Jahre lang Beiträge gezahlt haben – ohne jeden Abzug. Bei den Müttern wiederum, deren Kinder vor 1992 geboren wurden, gibt es eine monatliche Rentenerhöhung von 28,61 Euro im Westen und 26,39 Euro im Osten. In einzelnen Fällen kommen auch Väter in den Genuss dieser Wohltat.

Diesen Gesetzen, die schon ein gutes halbes Jahr nach der Kanzlerwahl am 1. Juli 2014 in Kraft traten, kann man – bei gutem Willen – durchaus etwas Positives abgewinnen. Im Wahlkampf hatte die Union sich für die Mütterrente stark gemacht, die SPD für die Rente mit 63. Kaum gewählt, setzten die GroKo-Parteien diese Versprechen um. Also nicht das gewohnte »Versprochen – Gebrochen«-Spiel nach einer Wahl, sondern das demokratie-theoretisch vorbildliche Gegenstück: »Versprochen – Gehalten«.

Wenn das Ganze nur nicht eine so offenkundige, eine so plumpe Klientel-Befriedigung wäre. Denn bei beiden Rentenverbesserungen geht es nicht um dringend notwendige Korrekturen, sondern um eine in ihrer Eindeutigkeit nicht zu überbietende Pflege von Stammwählern. Ein Blick in die Wahlstatistik belegt, wie sehr die Bundesrepublik bereits eine Rentnerdemokratie ist. Die Bürger in der Gruppe 60 plus stellen nicht nur den größten Block der Wahlberechtigten, sie gehen auch fleißiger zur Wahl als die jüngeren Jahrgänge. Bei den über 60-Jährigen schneiden CDU/CSU und SPD wiederum besonders gut ab. Die Folge: Bei der Bundestagswahl erreichte das GroKo-Trio in dieser Wählergruppe fast 77 Prozent, knapp zehn Prozentpunkte mehr als im Durchschnitt aller Wahlberechtigten. Die rentennahen Jahrgänge und Rentner stimmten also überdurchschnittlich oft für die Rentnerparteien CDU, CSU und SPD – und wurden nicht enttäuscht.

Mütterrente und Rente mit 63 haben für die Regierungsparteien zudem eine strategische Bedeutung. Frauen über 60 neigen noch stärker als Männer zur Union, männliche Facharbeiter, die besonders stark von der Rente mit 63 profitieren, überdurchschnittlich zur SPD. So gesehen ist die Rentenpolitik der Großen Koalition ein Wunschkonzert der besonderen Art: Wir wissen, was unsere Wähler wollen, und deshalb bekommen sie es auch. Mehrheit ist Mehrheit – basta!

Die Bedeutung der Mütterrente ist für die Union deshalb so hoch, weil es der damalige Arbeitsminister Norbert Blüm (CDU) und sein Staatssekräter Horst Seehofer (CSU) waren, die in der schwarz-gelben Koalition die Anerkennung von Erziehungszeiten in der Rentenversicherung durchsetzten. Das Gesetz, das 1986 in Kraft trat, sah vor, Müttern (oder Vätern), die nach der Geburt ihrer Kinder nicht arbeiteten, ein Jahr, ab 1992 drei »Babyjahre« gutzuschreiben. Die Regierenden versprachen sich davon eine Erhöhung der Geburtenrate. Die Ungleichbehandlung von Müttern in Abhängigkeit der Geburtsjahre ihrer Kinder – für Mütter mit Kindern der Jahrgänge 1991 und früher – nahm man hin. Das wurde schon damals innerhalb der Union stets heftig kritisiert. Eine Gleichbehandlung aller Mütter galt finanziell jedoch als nicht machbar.

Folglich werden Müttern, deren Kinder nach 1992 geboren wurden, drei zusätzliche »Entgeltpunkte« angerechnet. Aktuell entspricht ein Punkt 28,61 Euro (im Westen) beziehungsweise 26,69 Euro (im Osten). Das machte pro Kind und Monat rund 86 beziehungsweise 80 Euro. Bei Kindern der Jahrgänge 1991 und früher wurde die Erziehungsleistung bisher mit nur einem »Entgeltpunkt« vergütet. Diesen Müttern wird nun ein zweiter Punkt gutgeschrieben, ihre »Zusatzrente« pro Kind also verdoppelt. Rund 9,5 Millionen

Rentnerinnen und etwa 200 000 »Rentnerväter«, die wegen eines oder mehrerer Kinder ihre Berufstätigkeit unterbrochen hatten, kommen deshalb von Juli 2014 an in den Genuss einer höheren Rente. 343 beziehungsweise 320 (West/Ost) Euro mehr pro Jahr und Kind, das ist für viele Eltern im Rentenalter keine Kleinigkeit.

Eine groteske Folge der verbesserten Mütterrente besteht darin, dass mehr Frauen als bisher allein dank der angerechneten Erziehungszeiten überhaupt erst einen Rentenanspruch bekommen. Das gilt insbesondere für freiberuflich tätige Mütter, die ganz bewusst nicht in die gesetzliche Rentenversicherung eingezahlt haben. Eine solche Frau mit zwei Kindern, eines vor und eines nach 1992 geboren, kam bisher auf vier Beitragsjahre (drei für das jüngere und eines für das ältere). Da jetzt für das vor 1992 geborene Kind ein weiteres Beitragsjahr angerechnet wird, kommt diese Mutter plötzlich auf fünf Beitragsjahre und hat damit einen Anspruch auf Geld von der staatlichen Rentenversicherung. So beglückt der Sozialstaat seine Untertanen. Selbst wer bewusst nie eine staatliche Rente angestrebt hat, hat jetzt plötzlich Anspruch auf eine.

Dies alles geschieht im Namen einer nicht näher definierten und auch nicht näher definierbaren Gerechtigkeit. Falls es bisher schon schreiendes Unrecht war, dass die »Zusatzrente« für Mütter je nach Geburtsjahr der Kinder unterschiedlich hoch ausfiel, dann ist dieses Unrecht jetzt keineswegs beseitigt, sondern nur abgemildert. Die »92er-Mütter« bekommen je Kind weiterhin rund 86 (80) Euro im Monat, die »91er-Mütter« haben trotz der Erhöhung auf 57 (53) Euro weiterhin das Nachsehen. Im Zeichen der Gerechtigkeit hätte es also zwei »Entgeltpunkte« geben müssen. Das hätte die Kosten der Mütterente aber glatt verdoppelt – von jährlich 6,7 auf mehr als 13 Milliarden Euro.

Apropos Gerechtigkeit: Wann immer der Staat eine neue Leistung einführt oder eine bestehende kürzt, ist das mit einer Bevorzugung oder Benachteiligung der Betroffenen verbunden. So konnten Frauen bis zum Jahr 2000 mit 60 Jahren abschlagsfrei in Rente gehen, Männer mit 63. Für beide Gruppen wurde der Renteneintritt dann stufenweise auf 65 Jahre angehoben. Die angehenden Rentnerinnen und Rentner der Jahrgänge nach 1940 hatten eben Pech gehabt. Dasselbe wiederholte sich mit der Rente mit 67. Wer vor 1947 geboren wurde, konnte mit 65 Jahre die ungeschmälerte Rente beziehen, für alle Jüngeren dauert das bis zu zwei Jahre länger.

Noch ein Bespiel für staatlich verordnete Ungerechtigkeit: Bis 1998 wurden Abfindungen bei Entlassungen nur mit dem halben durchschnittlichen Steuersatz besteuert. Besonders günstig war dies für die Bezieher hoher Einkünfte mit Spitzensteuersatz. Von 1999 an war damit Schluss. Auch da hatten einige Pech. Wollte der Staat das vermeiden, könnte er niemanden von einem bestimmten Stichtag an besser oder schlechter stellen; er könnte niemals eine Leistung kürzen oder erhöhen. Eine geradezu aberwitzige Vorstellung.

Der Gerechtigkeitsaspekt zieht bei der Mütterrente noch aus einem anderen Grund nicht. Aktuell wird die Erhöhung der Mütterrente überwiegend aus den Überschüssen der

Rentenversicherung finanziert, wegen des höheren Steuerzuschusses zur Rentenversicherung zum geringeren Teil auch von den Steuerzahlern. Die nachträgliche Belohnung von Müttern für ihre zweifellos wichtige Erziehungsleistung ist jedoch keine Aufgabe der Rentenversicherung und ihrer Beitragszahler, sondern eine gesamtstaatliche. Die Verbesserungen für Mütter hätten deshalb vollständig durch höhere Bundeszuschüsse an die Rentenkasse finanziert werden müssen. Dann aber wäre es nichts geworden mit der für 2015 angestrebten »schwarzen Null« im Bundeshaushalt, also dem Verzicht auf neue Schulden. Deshalb wird die Finanzierung der höheren Mütterrente zum ganz großen Teil den Beitragszahlern aufgebürdet, was höchst unseriös ist.

Gleichwohl dürfte das Kalkül der schwarz-roten Mütter-Beglücker aufgehen: Den Millionen Nutznießerinnen ist die Art der Finanzierung völlig egal. Und die Beitragszahler können sich nicht wehren: »Happy Hour« in der Rentnerrepublik.

08 / SCHWARZ-ROTE RENTNERREPUBLIK: EDELRENTNER MIT 63

»Sehr geehrter Herr Bundesvorsitzender, nach mehr als 45 Jahren Mitgliedschaft in der SPD erkläre ich hiermit zu meinem großen Bedauern meinen Austritt aus der Partei.
Ich kann und will einer Partei nicht länger angehören, die gegen den Rat aller Sachverständigen mit ihrer Rentenpolitik in verantwortungsloser Weise eine Klientelpolitik betreibt,

- *die keine Gerechtigkeitslücke schließt, sondern nur neue Ungerechtigkeiten schafft,*
- *die Versicherte mit 45 Versicherungsjahren gleichheitswidrig bevorzugt, sie bekommen, was ihnen zusteht, hohe Renten, aber zusätzlich diese Renten auch noch länger, weil sie mit 63 Jahren abschlagsfrei in Rente gehen können, Vorteil bei einem Durchschnittsverdiener über 30 000 Euro,*
- *die die Versicherten mit langen Versicherungszeiten und höheren Renten zulasten der Versicherten mit kürzeren Versicherungsbiografien und niedrigeren Renten begünstigt, die diese zusätzlichen Kosten bezahlen müssen,*
- *die einseitig Männer begünstigt, denn Frauen erreichen die vorausgesetzten langen Versicherungszeiten nicht,*
- *die über Jahrzehnte hinweg die nachwachsenden Generationen zusätzlich belastet, auf die ohnehin schon wegen der demografischen Entwicklung steigende Kosten zukommen,*

- *die die Erfolge der auf nachhaltige Finanzierung bedachten Rentenpolitik der letzten 20 Jahre zunichte macht, (...)*
- *die – um diese Klientelpolitik durchzusetzen – auch noch bereit war, den von der CDU geforderten Ausbau der ›Mütterrente‹ zu akzeptieren,*
- *für den ordnungspolitisch völlig falsch die Beitragszahler aufkommen müssen, obwohl familienpolitische Leistungen als Aufgabe der Allgemeinheit aus Steuermitteln zu finanzieren sind, worauf die SPD im Wahlkampf auch immer wieder hingewiesen hat,*
- *der daher ebenfalls zulasten der künftigen Beitragszahler geht,*
- *der im Ergebnis zusätzliche Leistungen für Großmütter vorsieht, obwohl kein Geld dafür da sein soll, um der aktuellen großen Kinderarmut in Deutschland zu begegnen.«*

Aus dem Brief des Rentenexperten Franz Ruland an den SPD-Vorsitzenden Sigmar Gabriel vom 26. Mai 2014. Ruland war von 1992 bis 2005 Geschäftsführer des Verbands Deutscher Rentenversicherungsträger und von 2009 bis 2013 Vorsitzender des Sozialbeirats der Bundesregierung.

Was für die Union die Mütter, sind unter dem Aspekt der Klientelpolitik für die SPD die Facharbeiter. Ganz gleich, ob die Altersgrenze für den Bezug der ungeschmälerten Rente bei 65 Jahren liegt, wie das bis 2012 knapp hundert Jahre lang der Fall war, bei 67, bei 63 oder bei 61: Immer wird es Menschen geben, die aus gesundheitlichen Gründen schon vor dem jeweiligen Stichtag reif für die Rente sind. Für den, »der nicht mehr kann«, ist Bundesarbeitsministerin Andrea Nahles allerdings nicht die neue Schutzpatronin, sondern nur für die spezielle Gruppe derer zwischen 63 und 65.

Es sind heutzutage die 63-Jährigen, die nach sozialdemokratischer Lesart »nicht mehr können« – aber nur wenn sie 45 Jahre Beiträge bezahlt, also mit 18 Jahren zu arbeiten begonnen haben. Vor ein paar Jahren noch lag die Grenze für Nicht-Mehr-Können bei 65. Jedenfalls beschwor der Kurzzeit-SPD-Vorsitzende Kurt Beck immer den Dachdecker, der – abgearbeitet und von vielen Gebrechen geplagt – nicht mehr auf dem Dach herumturnen könne. Auch wenn es damals keinem Kamerateam gelungen ist, 64-jährige, in großen Höhen schwer arbeitende Dachdecker ins Bild zu bekommen, so diente doch der körperlich ausgepumpte Dachdecker als Symbolfigur für Ausnahmeforderungen beim Stufenplan zur Rente mit 67.

Jetzt sind also die 63-Jährigen die neuen Leidensmänner. Die Formulierung »Leidensmänner und -frauen« passt hier nicht, weil es nur ganz wenige Frauen gibt, die im Alter von 63 eine ununterbrochene 45 Jahre lange Erwerbsbiografie vorweisen können. Da schlägt sich nieder, dass für die meisten Frauen der entsprechenden Jahrgänge das Kinderkriegen verbunden war mit beruflichen Auszeiten, sofern sie sich nach dem ersten Kind nicht gleich ganz auf die Familienarbeit konzentriert haben.

Nutznießer der schwarz-roten 63er-Regelung sind vor allem Facharbeiter der geburtenstarken Jahrgänge 1951 bis 1963, die gleich nach der Schule – damals noch mit 15 oder 16 Jahren – ihre Lehre begonnen, sich teilweise bis zum Meister hochgearbeitet haben und heute oft wichtige Positionen einnehmen, in der Fertigung wie in der Verwaltung. Diese Jahrgänge können dank ihrer Lebensleistung mit deutlich höheren Renten rechnen als ihre Söhne und Töchter, die diese Renten finanzieren müssen. Viele von ihnen haben überdies Anspruch auf Betriebsrenten. Warum aber soll diese Gruppe von Edelrentnern rentenpolitisch privilegiert werden? Dafür gibt es nur einen Grund: Diese Arbeitnehmer zählen zur Kernklientel der SPD. Wenn das nicht für ein Rentenbonbon reicht, was dann?

Rente mit 63 war übrigens auch schon vor dem 1. Juli 2014 möglich, aber nur mit finanziellen Einbußen. Wer früher in Rente wollte, als er nach dem Gesetz sollte, musste für jeden Monat einen Rentenabschlag von 0,3 Prozent hinnehmen, also 3,6 Prozent pro Jahr oder 7,2 Prozent für zwei Jahre. Ein Arbeitnehmer, der am 30. Juni 2014 im Alter von 65 Jahren und drei Monaten die gesetzliche Altersgrenze erreicht hatte, hätte bei einer Rente von 1000 Euro auf mehr als 72 Euro im Monat verzichten müssen, wenn er sich schon zwei Jahre früher zur Ruhe gesetzt hätte. Dieser Abschlag bleibt ihm jetzt bei der »neuen Rente mit 63« erspart.

Rente mit 63 bedeutet, dass ausgerechnet Union und Sozialdemokraten von der von ihnen selbst 2006 beschlossenen Rente mit 67 teilweise abrücken. Genau genommen war es in erster Linie der damalige Bundesarbeitsminister Franz Müntefering, der die widerstrebenden Genossen und die nicht sehr mutige Union auf diesen Kurs zwang. Es galt, das Rentensystem angesichts der alternden Bevölkerung und des Rückgangs der Beitragszahler »demografiefest« zu machen. Genau das wird jetzt unterhöhlt – ohne zwingenden Grund.

Die Regierung begründet das – nicht sehr originell – mit »Gerechtigkeit«. Bundesarbeitsministerin Andrea Nahles schwärmt sogar von einem »weiteren Kapitel der Sozialen Marktwirtschaft«. Dabei ist es höchst unsozial, bestimmte Jahrgänge besonders zu privilegieren. Genau genommen werden nur den Jahrgängen 1951 und 1952 zwei zusätzliche Jahre ungeschmälerten Rentenbezugs gegönnt. Nur sie dürfen, wenn sie wollen, zwei volle Jahre früher in Rente gehen. Aber auch die Jahrgänge 1953 bis 1963 bekommen eine Sonderregelung geschenkt. Ihnen gewährt die GroKo – allerdings mit einem jährlich um zwei Monate schrumpfenden Vorteil – auf Kosten der Beitragszahler ebenfalls mehr bezahlte Freizeit. Während das Renteneintrittsalter für »Normalos« bis 2029 auf 67 steigt, erhöht es sich für diese Hätschelkinder von Schwarz-Rot schrittweise nur auf 65.

Dass die Begünstigten sich darauf freuen, kann man ihnen nicht verübeln. In einer der zahllosen Talkshows zum Thema erklärte ein sehr sportlicher 62-Jähriger, dass er von der neuen Regelung selbstverständlich Gebrauch machen werde. Und wie er die Freizeit dann nutzen wolle? Seine Antwort: Er werde seine berufstätige jüngere Partnerin bei der Hausarbeit entlasten und noch mehr als bisher sein Hobby pflegen, nämlich für den Triathlon trainieren. Für einen, der aus Sicht der Regierung »nicht mehr kann«, ist dieser anstrengende Wettbewerb – 750 m Schwimmen, 20 km Radfahren und 5000 m Laufen– ein recht anspruchsvolles Programm. Nur mit Gerechtigkeit hat das nichts zu tun.

Faktisch ausgeschlossen von der Rente mit 63 sind alle Berufe, die Abitur und eine drei- oder vierjährige schulische Ausbildung voraussetzen. Denn während Lehrjahre in Industrie und Handwerk bei der Rentenberechnung als Beitragsjahre mitgezählt werden, gilt das beispielsweise beim Besuch einer Fachhochschule nicht. Ein Nachteil zum Beispiel für Erzieher, Krankenschwestern oder Pfleger, die häufig erst mit 20 ihre schulische Ausbildung beendet haben. Sie können die geforderten 45 Beitragsjahre im Alter von 63 nicht nachweisen. Auch hier sind in erster Linie Frauen benachteiligt. Es scheint, als wolle die SPD ein letztes Mal die Flagge als Interessenvertreter der männlichen Facharbeiter schwingen. Und die CDU schaut in der Hoffnung zu, auf diese Weise ihr sozialpolitisches Image aufzupolieren. »Neoliberalismus« war gestern, heute ist Wohlfühl-Politik angesagt.

Die Rente mit 63 ist nicht nur fatal, weil sie viel Geld kostet, zusammen mit der Mütterrente tendenziell die Rentenbeiträge ansteigen lässt, Rentenerhöhungen dämpft und die rückläufige Zahl der jüngeren Beitragszahler über Gebühr belastet. Sie ist auch arbeitsmarktpolitisch kontraproduktiv. In Zeiten eines in einigen Bereichen eklatanten Facharbeitermangels prämiert es die Regierung, wenn erfahrene Mitarbeiter vorzeitig ihre Arbeitsplätze räumen. Die GroKo hat wenigstens in letzter Minute eine Form von Missbrauch ausgeschlossen. Arbeitslosigkeit in den letzten zwei Jahren vor Rentenbeginn darf nur dann für die 45-jährige

Beitragszeit angerechnet werden, wenn der Arbeitgeber Insolvenz angemeldet oder seinen Betrieb geschlossen hat. 61-Jährige können sich somit nicht »entlassen lassen«, um nach zweijährigem Bezug von Arbeitslosengeld I mit 63 in den Genuss einer ungeschmälerten Rente zu kommen. Es wird wohl von den Gerichten geklärt werden müssen, ob sich freiwillige und unfreiwillige Arbeitslosigkeit vor dem vorzeitigen Rentenbeginn korrekt voneinander abgrenzen lassen.

Die Rente mit 63 gilt seit dem 1. Juli 2014. Wer ein paar Monate vorher mit Abschlägen in Rente gegangen ist, hat eben Pech gehabt. Für ihn gibt es – das ist die Krux von Stichtagsregelungen – keine Gerechtigkeit à la GroKo, er ist zu alt für den Edelrentner-Status. Von den absurden schwarz-roten Gerechtigkeitskriterien profitieren sogar Selbständige, die mindestens 18 Jahre lang Pflichtbeiträge gezahlt haben und sich anschließend freiwillig versichert hatten. Das hat die CDU/CSU durchgesetzt. So dürften nach Schätzungen der Bundesregierung bereits im ersten Jahr 200 000 Arbeitnehmer und etwa 40 000 Selbständige die Rente mit 63 in Anspruch nehmen. Weil die meisten dieser Begünstigten durchaus »noch können«, reißen sie in ihren Betrieben große Lücken. Das treibt den Personalplanern in Metallbetrieben, in der Automobilindustrie oder bei der Bahn den Angstschweiß auf die Stirn. Doch was zählt das alles? Bei diesem »extra Schluck aus der Pulle« geht es der GroKo um viel Größeres als reibungslose betriebliche Abläufe: um »Gerechtigkeit« und Wählerstimmen.

Ein weiterer Widerspruch: Der Wirtschaftsflügel der Union hält die Rente mit 63 aus arbeitsmarktpolitischen Gründen für fatal. Aber nur einer seiner Wortführer, der Abgeordnete Christian von Stetten, stimmte im Bundestag mit Nein, zusammen mit acht weiteren, überwiegend jüngeren Abgeordneten aus der CDU/CSU-Fraktion. Die zahlreichen anderen Gegner des sehr teuren Rentenpakets hatten sich ihre Zustimmung durch die Aussicht auf die »Flexi-Rente« abkaufen lassen. Demnach sollen Arbeitnehmer auch über das 65. Lebensjahr für ihren Arbeitgeber tätig sein können. Das ist bisher kaum möglich, weil ein Arbeitnehmer, der nach Erreichen des Rentenalters im bisherigen Betrieb bleiben will, dies nur mit einem unbefristeten Arbeitsvertrag tun kann. Künftig soll diese Weiterbeschäftigung durch zeitlich befristete Arbeitsverträge erleichtert werden. So könnten dann 66-Jährige, die noch wollen, in den Betrieben 63-Jährige ersetzen, die angeblich nicht mehr können. Es ist nicht auszuschließen, dass diese Regierung auch 63-Jährigen, die dank der GroKo bereits Rente beziehen, die Möglichkeit zur flexiblen Weiterarbeit beim alten Arbeitgeber einräumt.

Aber noch ist offen, ob die »Flexi-Rente« überhaupt kommt. Denn anders als bei der Rente mit 63, die beschlossen und verkündet ist, müssen die Einzelheiten der »Flexi-Rente« noch geklärt werden. Und die Gewerkschaften haben bereits angekündigt, in diesem Zusammenhang müsse auch über leichtere Ausstiegsmöglichkeiten für 60-Jährige nachgedacht werden. In der großkoalitionären Arbeitsgruppe zu diesem Vorhaben steckt also viel Zündstoff. Nimmt man die bisherige schwarz-rote Politik zum Maßstab, muss man folgendes befürchten: Noch mehr Möglichkeiten zur Frühverrentung als Preis für etwas Flexibilisierung für die Arbeitnehmerschaft 65 plus.

Da bleibt einem fast nur noch Fatalismus: Vor Gericht, auf hoher See und in dieser GroKo ist alles möglich.

09 / MOGELPACKUNG MINDESTLOHN

»Derzeit zahle ich meinen Erntehelfern 6,80 Euro die Stunde, und wir haben 100 000 Arbeitsstunden im Jahr. Macht bei künftig 8,50 Euro folglich zusätzliche Kosten von 170 000 Euro. Wo sollte ein Betrieb die einsparen? Ich sage Ihnen jetzt schon voraus, was passieren wird, falls höhere Preise nicht durchsetzbar sind. Die Bauern geben ihren Helfern kostenlos zusätzlich Kost und Logis. Es würde dann demnächst Betriebe geben, die den Mindestlohn zahlen, aber einen Betrag für Kost und Logis wieder abziehen. Doch das ist ja nicht Sinn und Zweck des Mindestlohns. (…) Ich will niemanden ausbeuten, aber die Arbeit muss sich für beide Seiten lohnen. Wenn's der Markt trägt, machen wir's mit. Wenn nicht, dann nicht.«

Obstbauer Ingo Reinhart in der *Süddeutschen Zeitung* vom 5. Juli 2014.

Ob die vielen Stunden Koalitionspoker mit dem Sozialdemokraten Sigmar Gabriel und dem Herz-Jesu-Populisten Horst Seehofer bei Angela Merkel irgendwie aufs Gemüt geschlagen haben? Jedenfalls zeigte die sonst so nüchtern-resolute »Mutti« bei ihrer Regierungserklärung im Januar 2014 auf einmal Gefühle. »Niemand, der ein Herz hat«, so ihr Bekenntnis, könne »das Instrument eines Mindestlohns rundweg ablehnen«. Gleichwohl wollte die mitfühlende Kanzlerin den Verstand nicht völlig ausschalten: »Doch jeder, der ein Herz hat, muss aber genauso sicherstellen, dass der so nachvollziehbare Wunsch nach würdiger Bezahlung nicht Menschen, die heute Arbeit haben, in die Arbeitslosigkeit führt.« Das Ergebnis dieser schwarz-roten Symbiose von Herz und Verstand ist der gesetzliche Mindestlohn von 8,50 Euro pro Stunde.

Der flächendeckende gesetzliche Mindestlohn war in den Koalitionsverhandlungen ein Herzensanliegen der SPD. Er war der erste von zehn Punkten, deren Durchsetzung ein SPD-Parteikonvent im Oktober 2013 vor Aufnahme der Koalitionsverhandlungen als »unverzichtbar« bezeichnet hatte. Es ging dabei nicht in erster Linie um Arbeitsmarktpolitik und Gerechtigkeit. Der Mindestlohn ist vielmehr das große Versöhnungsangebot der SPD an die Gewerkschaften. Ihr durch die »Agenda 2010« nachhaltig beschädigtes Verhältnis soll endlich wieder repariert werden. Der Koalitionsvertrag als Kitt für eine brüchig gewordene historische Beziehung, als neuer Liebesbeweis der Sozialdemokratie an die Arbeitnehmerbewegung – auch das gehört in GroKo-Zeiten zur Realpolitik.

Was die Sozialdemokraten als »Sozialreform von historischem Ausmaß« (Thomas Oppermann) feiern, ist in Wirklichkeit das Baby der Linkspartei. Am 2. Juli 2002, fast auf den Tag genau zwölf Jahre vor dem Mindestlohn-Beschluss vom 3. Juli 2014, hatte die PDS (früher: SED, heute: Die Linke) ihren ersten Antrag zur »Einführung eines existenzsichernden Mindestlohns« im Bundestag eingebracht. Er wurde von der damaligen rot-grünen Mehrheit abgeschmettert, von der CDU/CSU selbstverständlich auch. Bei der Union geschah das aus ordnungspolitischen Überlegungen heraus.

Die SPD lehnte zu dieser Zeit ebenfalls jede »Begrenzung der Tarifautonomie in dem unteren Bereich« (Franz Müntefering) kategorisch ab. Das tat sie zum Teil aus Respekt vor der Tarifautonomie, zum Teil mit Rücksicht auf die Gewerkschaften. Die waren bis 2005 noch prinzipiell gegen vom Staat festgelegte Mindestlöhne. So etwas hatten aus ihrer Sicht vielleicht schwache ausländische Gewerkschaften nötig, nicht aber die starken deutschen. Die verhinderten, so die damalige Überzeugung der Gewerkschaften, Hungerlöhne aus eigener Kraft.

Die DGB-Gewerkschaften hielten an dieser Überzeugung fest, als die Forderung nach einem gesetzlichen Mindestlohn im Zusammenhang mit der »Agenda 2010« und dem Grundsatz des »Forderns und Förderns« aufkam. Wenn Arbeitslose praktisch jeden Job annehmen müssen, so die volkswirtschaftlich durchaus bedenkenswerte Begründung, sollen die Arbeitgeber nicht davon profitieren, indem sie Jobs zu Hungerlöhnen anbieten. Es gab in der rot-grünen Koalition 2003 entsprechende Überlegungen. Angeblich soll Kanzler Gerhard Schröder damals den Gewerkschaften einen Deal angeboten haben: Wenn ihr die »Hartz«-Gesetze akzeptiert, dann können wir auch über einen gesetzlichen Mindestlohn reden. Das war aber nicht realistisch: Den Gewerkschaften gingen die mit den »Hartz«-Gesetzen verbundenen Belastungen der Arbeitnehmer eindeutig zu weit. Der bei ihnen umstrittene Mindestlohn genügte ihnen nicht als Kompensation.

So stellten die regierenden Sozialdemokraten ihre Überlegungen zu einem gesetzlichen Mindestlohn zurück, um das

Verhältnis zu »ihren« Gewerkschaften nicht weiter zu belasten. Was für die SPD ein schwerer Nachteil war. Damit hatte die sich 2005 neu formierende Linkspartei/PDS das Thema »gesetzlicher Mindestlohn« als Alleinstellungsmerkmal für sich. Ihr ausgesprochen gutes Abschneiden bei der Bundestagswahl 2005 – 8,7 Prozent gegenüber den 4,0 Prozent von 2002 – ist nicht zuletzt darauf zurückzuführen.

In den Verhandlungen über die Große Koalition nach der Wahl 2005 spielte das Thema Mindestlohn keine Rolle. Aber die SPD spürte, dass sie als Interessenvertreterin der kleinen Leute es gegenüber der Linkspartei immer schwerer hatte. Einige Einzelgewerkschaften wiederum realisierten, dass sie längst nicht mehr stark genug waren, in allen Branchen und allen Regionen Löhne durchzusetzen, die aus ihrer Sicht halbwegs zum Leben reichten. Es zeigte sich auch, dass mancher Arbeitgeber bei seiner Lohnpolitik kühl und zynisch darauf setzte, was seinen Mitarbeitern zum Leben fehle, könnten sie sich ja als »Aufstocker« bei der Arbeitsagentur holen. Mit dieser Entwicklung hatten und haben sich unverändert mächtige Organisationen, wie IG Metall oder IG Bergbau, Chemie, Energie, nicht herumzuschlagen, umso mehr jedoch die Dienstleistungsgewerkschaft Verdi oder die Gewerkschaft Nahrung-Genuss-Gaststätten.

Schließlich machte sich der DGB-Bundeskongress 2006 die Forderung nach einem gesetzlichen Mindestlohn zu eigen. Danach drehte auch die SPD allmählich bei, sammelte 2007 sogar Unterschriften für dieses Ziel. Eine PDS-Forderung wurde allmählich zu einem gemeinsamen sozialdemokratisch-gewerkschaftlichen Projekt. In ihrem Wahlprogramm 2009 bekannte sich die SPD sozusagen amtlich zu staatlichen Eingriffen in die Preisbildung am Arbeitsmarkt.

Für die CDU wiederum war ein gesetzlich festgelegter Mindestlohn bis vor wenigen Jahren noch so unvorstellbar wie für die katholische Amtskirche Frauen als Priester. In der zweiten Großen Koalition blieb die Union gegenüber ihrem zum Mindestlohn bekehrten Koalitionspartner hart. Doch bereits zu schwarz-gelben Zeiten änderte sich das. Angesichts von Umfrageergebnissen, denen zufolge selbst 70 Prozent der Unionswähler für Mindestlöhne eintraten, handelte Angela Merkel pragmatisch: Wenn die Deutschen unbedingt einen Mindestlohn wollen, dann sollen sie ihn bekommen. Fortan sprach die Union von branchenspezifischen und regionalen Lohnuntergrenzen, die von den Tarifvertragsparteien ausgehandelt werden sollten. Als es jedoch darum ging, die SPD als Koalitionspartner zu gewinnen, galten ordnungspolitische Prinzipien nicht mehr. Plötzlich war der gesetzliche Mindestlohn für die Enkel Ludwig Erhards kein Übel mehr, sondern eine gute Tat: »Wähler, Dein Wille geschehe«.

8,50 Euro pro Stunde vom 1. Januar 2015 an – dafür feiern sich Sozialdemokraten und Gewerkschaften, seit die GroKo das entsprechende Gesetz im Bundestag eingebracht hat. Stolz verkündet der DGB: »Mindestlöhne stellen sicher, dass Menschen von ihrer Arbeit leben können und keine weitere Unterstützung vom Staat benötigen.« Die Sozialdemokraten und der Arbeitnehmerflügel der Union stoßen ins selbe Horn. Dabei handelt es sich beim Mindestlohn um die größte politische Mogelpackung seit der Behauptung Norbert Blüms aus dem Jahr 1986: »Die Rente ist sicher«. Bei der Rente ist nämlich nur sicher, dass sie am Monatsende kommt; wie hoch sie aber ausfällt, kann niemand vorhersagen. Ähnlich ist es beim gesetzlichen Mindestlohn: Es wird künftig einige zehntausend Arbeitnehmer geben, die dank 8,50 Euro in der Stunde nicht mehr zur Arbeitsagentur gehen müssen, um ihr Einkommen mit staatlicher Hilfe aufzustocken. Für die Masse derer, die heute in der Stunde weniger verdienen als 8,50 Euro, ändert sich indes kaum etwas – und schon gar nichts zum Positiven.

Ob mit oder ohne Herz: Wer rechnen kann, wird schnell feststellen, dass die allermeisten Menschen von 8,50 Euro – entgegen aller politischen Schönfärberei – eben nicht leben können. Rechnen wir also: Ein Lediger kommt bei einer 39-Stunden-Woche und 8,50 Euro in der Stunde auf brutto 1437 Euro im Monat. Netto, nach Abzug von Sozialversicherungsbeiträgen und Steuer, bleiben rund 1057 Euro. Würde dieser Single nicht arbeiten, stünden ihm 391 Euro im Monat an Grundsicherung zu. Zudem werden ihm die »angemessenen« Mietkosten samt Heiz- und Betriebskosten erstattet, je nach Wohnort zwischen 350 und 450 Euro für eine 50 Quadratmeter große Wohnung. Das entspricht einem verfügbaren Einkommen von etwa 740 bis 840 Euro. Mit einem Mindestlohn von 8,50 Euro müssen diese Männer und Frauen also nicht mehr aufstocken. Was so schön klingt, hat nur einen Haken: Es betrifft etwa 60 000 Menschen – 60 000 von 41,8 Millionen Beschäftigten. Sie werden nach Berechnungen des Instituts für Arbeitsmarkt- und Berufsforschung der Bundesagentur für Arbeit also nicht mehr auf Leistungen der Grundsicherung angewiesen sein.

Die allermeisten »Aufstocker« sind jedoch keine Alleinstehenden, sondern haben Ehepartner und Kinder. Bei 8,50 Euro bleiben einem Familienvater mit zwei Kindern netto rund 1500 Euro (einschließlich Kindergeld). Wenn er nicht arbeitet, zahlt ihm das Jobcenter 1800 bis 1900 Euro. Der Mindestlohn befreit ihn demnach nicht vom Gang zur Arbeitsagentur. Er wird künftig weniger Geld vom Amt bekommen, aber er bleibt ein »Aufstocker«. Und in ihrer Haushaltskasse haben die meisten der 1,3 Millionen Betroffenen keinen Euro mehr als bisher.

Auch Menschen mit Herz kommen an folgender Tatsache nicht vorbei: Soll die Zahl der vielen ungelernten oder schlecht ausgebildeten »Working Poor« auf null gesenkt werden, müsste der Mindestlohn je nach Familienstand zwölf Euro und mehr betragen. Väter und Mütter von drei Kindern müssten deutlich mehr verdienen als ihre kinderlosen Kollegen. Mit steigender Kinderzahl würden die Löhne steigen – und die Chancen am Arbeitsmarkt sinken. Das aber verlangen noch nicht einmal die entschiedensten Mindestlohn-Befürworter.

Alle, denen die Forderung, jeder müsse von seiner Arbeit leben können, so leicht von den Lippen geht, übersehen noch etwas: Noch nie in der Geschichte der Bundesrepublik Deutschland konnten alle Menschen mit Vollzeit-Arbeitsplätzen von ihrem Arbeitseinkommen leben, auch nicht in den Wirtschaftswunderjahren. Genau deshalb gibt es bei uns so viele staatliche Leistungen und Hilfen, vom sozialen Wohnungsbau und Wohngeld bis zu rund 200 verschiedenen Vergünstigungen für Familien. Denn Löhne und Gehälter hängen bei uns von vielerlei Faktoren ab – aber nicht vom Familienstand, von gesundheitlichen Belastungen oder dem örtlichen Mietspiegel.

Eine weitere Tatsache wird von den roten Mindestlohn-Befürwortern geleugnet und von den schwarzen Mindestlohn-Mitläufern ausgeblendet: Nicht jeder Arbeitgeber – schon gar nicht in den neuen Ländern – kann sich Löhne von 8,50 Euro leisten. Um diesen Stundenlohn zahlen zu können, müsste er die Preise deutlich anheben, verlöre Kunden oder müsste Arbeitsplätze abbauen. Das hieße weniger «Aufstocker«, aber mehr Arbeitslose – was für ein Fortschritt! Da beißt die Maus keinen Faden ab: Wenn ein Arbeitnehmer nicht mindestens so viel erwirtschaftet, wie er den Betrieb kostet, fällt sein Arbeitsplatz über kurz oder lang weg. Wer das verhindern will, muss mit dem Mindestlohn zugleich einen gesetzlichen Mindestgewinn einführen. Dann subventioniert der Staat Betriebe, die sich sonst den Mindestlohn nicht leisten können.

Das ist gar nicht so weit hergeholt, wie es vielleicht klingen mag. In dem gern als Mindestlohn-Vorbild gepriesenen Frankreich hat die Politik längst erkannt, dass der aktuelle hohe Mindestlohn von 9,53 Euro für viele Betriebe zu hoch ist. Deshalb subventioniert der Staat die Bezüge der »Mindestlöhner« mit 26 Prozent. Paris wendet rund 22 Milliarden Euro im Jahr auf, um die negativen Folgen des gesetzlichen Mindestlohns auf die Beschäftigung wenigstens zu dämpfen. Da kann man nur sagen: Willkommen in der Planwirtschaft!

Wenn beim Thema Mindestlohn der Verstand mindestens ebenso stark eingeschaltet wird, wie das Herz schlägt, lassen sich die Nachteile nicht leugnen. Ein flächendeckender gesetzlicher Mindestlohn wird – vor allem in den neuen Ländern – bestehende Arbeitsplätze vernichten und die Schaffung neuer verhindern. Aus diesem Grund hat das schwarz-gelb regierte Land Sachsen im Bundesrat dem Mindestlohn nicht zugestimmt. In den anderen neuen Ländern mit großer Koalition schwenkte die CDU dagegen auf den von Berlin vorgegebenen Appeasement-Kurs ein.

Negative Folgen des Mindestlohns dürften auch junge Arbeitnehmer zu spüren bekommen. Es ist ja kein Zufall, dass in allen EU-Ländern mit gesetzlichen Mindestlöhnen die Jugendarbeitslosigkeit viel höher ist als bei uns. Weil Arbeitgeber jungen Leuten ohne Berufserfahrung eben nicht denselben Lohn zahlen können und wollen wie ihren älteren und erfahreneren Kollegen.

Der flächendeckende Mindestlohn geht über die Tatsache hinweg, dass 8,50 Euro in München oder Frankfurt sehr wenig ist, in bestimmten ländlichen Regionen Ostdeutschlands aber relativ viel. Das Versprechen, dank staatlicher Eingriffe werde in Zukunft jeder von seiner Arbeit leben können, spricht den Lebenshaltungskosten in boomenden Ballungsräumen Hohn. Weil der gesetzliche Mindestlohn ein »politischer Lohn« ist, werden sich die Parteien in künftigen Wahlkämpfen mit dem Versprechen auf einen höheren Mindestlohn zu überbieten versuchen. Dass Die Linke und die Gewerkschaft Verdi schon lauthals nach zehn Euro rufen, illustriert diese Politisierung der Lohnpolitik.

Der gesetzliche Mindestlohn von 8,50 Euro gilt vom 1. Januar 2015 an für zunächst 3,7 Millionen Arbeitnehmer. Die »flächendeckende« Lösung weist also einige gut begründete weiße Flecken auf. So dürfen Betriebe, die Langzeitarbeitslosen eine Chance geben, die ersten sechs Monate unter 8,50 Euro bleiben. Auch gilt der Mindestlohn erst für Jugendliche von 18 Jahren an. Damit soll es wenigstens für 16- und 17-Jährige keinen finanziellen Anreiz geben, die Ausbildung zu »schmeißen« und auf Jobsuche zu gehen. 8,50 Euro in der Stunde wird aber manchen 18- oder 19-Jährigen verleiten, statt sich der Mühen einer Ausbildung zu unterziehen, auf »den schnellen Euro« zu setzen.

Zweischneidig ist die Regelung für Praktikanten. Pflichtpraktika im Rahmen einer Ausbildung fallen nicht unter die Mindestlohnregelung. Wenn aber junge Leute sich vor, während oder nach ihrem Studium in Betrieben etwas länger umschauen wollen, muss der Arbeitgeber vom vierten Monat an den Mindestlohn zahlen. Das macht einerseits Schluss mit der in manchen Unternehmen anzutreffenden Praxis, gut ausgebildeten jungen Leuten nur ein Praktikum statt einer regulären Beschäftigung anzubieten, sich also billige Arbeitskräfte zu halten. Andererseits wird vielen jungen Leuten die Möglichkeit genommen, sich etwa während eines sechsmonatigen Orientierungspraktikums bessere Einblicke in den angestrebten Beruf zu verschaffen und dabei auch etwas zu lernen. Denn für längere Praktika werden viele Arbeitgeber die 8,50 Euro nicht zahlen. So wird es beispielsweise künftig schwieriger, die Zeit zwischen Bachelor-Abschluss und Beginn des Master-Studiums mit einem längeren Praktikum zu überbrücken.

In Branchen, in denen es allgemeinverbindliche Tarifverträge mit weniger als 8,50 Euro in der Stunde gibt, muss der Mindestlohn erst vom 1. Januar 2017 an gezahlt werden. Das ist etwa bei den Friseuren oder in der Zeitarbeit der Fall. In der Land- und Forstwirtschaft sowie in der fleischverarbeitenden Industrie wurden noch schnell Tarifverträge geschlossen, um mit der Anpassung der Löhne auf 8,50 Euro bis 2017 Zeit zu haben.

Diese Beispiele zeigen, wie gefährlich ein staatliches Lohndiktat sein kann: Wenn Arbeitgeber und Gewerkschaften gemeinsam überzeugt sind, ein Mindestlohn von 8,50 Euro sei zu hoch, sollten die Mindestlohn-Macher eigentlich merken, wie gefährlich ihre von Ideologie und Populismus getragene Politik ist.

Auch die Zeitungsverlage müssen ihren Zustellern erst von 2017 an 8,50 Euro zahlen. Für sie hat die GroKo eine Sonderregelung beschlossen, ganz ohne Tarifvertrag. Wer da auf die Idee kommt, die großen Parteien wollten es sich nicht mit den Zeitungsverlegern verderben, liegt sicherlich nicht falsch. Über dieses »Bonbon« für die Zeitungsverlage dürfte sich auch der Bundesschatzmeister der SPD freuen. Die Sozialdemokraten sind nämlich über ihre Medienholding Deutsche

Druck- und Verlagsgesellschaft (DDVG) an verschiedenen Zeitungsverlagen und damit an mehr als 40 Zeitungen beteiligt. *Kein* Schelm, wer Böses dabei denkt.

Zum 1. Januar 2017 werden insgesamt 4,7 Millionen Menschen vom Mindestlohn profitieren, jedenfalls theoretisch. Von 2017 an wird der Mindestlohn jährlich angepasst. Wie stark, das entscheidet eine von Arbeitgebern und Gewerkschaften paritätisch besetzte Kommission, der auch zwei Wissenschaftler ohne Stimmrecht angehören. Diese Kommission wird 2016 zum ersten Mal über die Anhebung des Mindestlohns beschließen; der Bundestag wird ihr Votum dann abnicken. Fragt sich nur, wie viele der vom Mindestlohn angeblich profitierenden Arbeitnehmer in Zukunft überhaupt noch Arbeit haben werden. Das Münchner Ifo Institut prognostiziert jedenfalls den Verlust von bis zu 900 000 Jobs. Die Vorhersagen anderer Forschungsinstitute sind nicht optimistischer. So droht die GroKo-Politik die arbeitsmarktpolitischen Erfolge des vergangenen Jahrzehnts zu gefährden. Doch die studierte Germanistin Andrea Nahles, ohne einen einzigen Tag Arbeitserfahrung außerhalb des politisch-staatlichen Komplexes, kanzelt Kritiker ihres vermeintlichen Meisterinnenstücks barsch ab: »Hört endlich auf, ein hysterisches Gejaule in diesem Land zu machen.«

10 / MIETPREISBREMSE: DER SOZIALISMUS SIECHT

»Ein Ungleichgewicht zwischen der nachgefragten und der angebotenen Menge an Wohnraum lässt sich nicht durch Obergrenzen für die Miethöhe in neu abzuschließenden Verträgen beseitigen. Es wird dabei lediglich der Preis als Zuteilungsverfahren außer Kraft gesetzt, der Nachfrageüberschuss bleibt jedoch unvermindert bestehen. Es stellt sich eine Insider-Outsider-Problematik ein, das heißt, es werden diejenigen begünstigt, die über eine Mietwohnung verfügen, während jene benachteiligt werden, die eine neue Wohnung suchen, aber auf dem Markt nicht zum Zuge kommen.«

»Gegen eine rückwärtsgewandte Wirtschaftspolitik«, *Jahresgutachten 2013/14* des Sachverständigenrats zur Begutachtung der gesamtwirtschaftlichen Entwicklung, Ziff. 862.

Angela Merkel kommt nicht leicht ins Schwärmen. Doch auf dem »Deutschen Verbrauchertag 2013« klang die Kanzlerin geradezu euphorisch. Sie sei sehr beeindruckt gewesen, dass Bürgermeister auf dem Deutschen Städtetag parteiübergreifend eine Mietpreisbremse gefordert hätten, sagte sie drei Monate vor der Bundestagswahl. Die Union habe deshalb neu nachgedacht. Merkel: »Aus diesem Grund haben wir uns jetzt entschlossen, das in unser Wahlprogramm aufzunehmen.« Und fügte hinzu: »Ja, es war eine SPD-Idee, von CDU-Bürgermeistern übernommen, anschließend von CDU und CSU. Jetzt müssen wir es bloß noch umsetzen. Dazu muss ich nur noch die FDP überzeugen, aber daran arbeite ich.«

Das mit der FDP hat in den wenigen Wochen bis zur Wahl nicht mehr geklappt. Die Freien Demokraten hätten, wäre es zu einer Neuauflage von Schwarz-Gelb gekommen, bei dieser Regulierung des Wohnungsmarkts auch nicht mitgemacht. Doch seit dem 22. September 2013 braucht die CDU-Vorsitzende die lästigen Liberalen mit ihren ordnungspolitischen Bedenken nicht mehr. In der GroKo war man sich schnell einig, die Mietpreisbremse, eine zentrale Wahlkampfforderung der SPD, umzusetzen. Jetzt können die Länder festlegen, dass sich in Regionen mit besonders angespannten Wohnungsmärkten die Planwirtschaft noch weiter ausbreitet. Bei der Wiedervermietung von Wohnungen darf der Wohnungseigentümer beim neuen Mieter maximal zehn Prozent mehr als die ortsübliche Vergleichsmiete verlangen.

Nun kann niemand leugnen, dass in den begehrten Wohnlagen unserer Großstädte die Mieten geradezu explodieren. Der entscheidende Grund: Jährlich müssten etwa 250 000 neue Wohnungen gebaut werden, um den wachsenden Bedarf abzudecken. Seit Jahren wird aber deutlich weniger gebaut. Die Zahl der fertiggestellten Wohnungen ist zwischen 1995 und 2011 von jährlich 600 000 auf weniger als 200 000 zurückgegangen. Erst in den zwei vergangenen Jahren sind wieder mehr Wohnungen bezugsfertig geworden. Aber selbst die 215 000 neuen Wohnungen im Rekordjahr 2013 waren zu wenige.

Dieser Rückgang des Wohnungsbaus hat verschiedene Ursachen. Sicherlich sind in den ersten Jahren nach der Wiedervereinigung dank massiver steuerlicher Förderung überdurchschnittlich viele Wohnungen gebaut worden, in gewisser Weise auf Vorrat. Die Streichung der Eigenheimzulage durch die damalige Große Koalition hat jedoch von 2007 an den Bau von Eigenheimen und Eigentumswohnungen stark gedrosselt. Das wiederum hat die Nachfrage nach Mietwohnungen steigen lassen. Denn wer sich nicht den Wunsch nach eigenen vier Wänden erfüllen kann, drängt zwangsläufig auf den Markt für Mietwohnungen. Vor allem aber hat die starke Reglementierung des Wohnungsmarkts es für Investoren immer weniger attraktiv gemacht, in Immobilien zu investieren. Die Länder und Kommunen wiederum haben den Bau von Sozialwohnungen nicht in ausreichendem Maße forciert, um den Ausfall privater Investoren zu kompensieren.

Allen Politikerreden und Talkshowaufschreien zum Trotz ist die Mietenexplosion kein Massenphänomen. Die Kaltmieten sind laut Statistischem Bundesamt seit 2005 jährlich um 1,2 Prozent gestiegen, bei einer Erhöhung der Lebenshaltungskosten um 1,8 Prozent. Denn Vermieter können nicht nach Belieben abkassieren. Bestandsmieten dürfen maximal um 20 Prozent in drei Jahren angehoben werden, in Gebieten mit Wohnungsknappheit nur um 15 Prozent. Viele Privateigentümer mit ein oder zwei Mietwohnungen heben die Miete häufig erst bei einem Mieterwechsel an. Dass dennoch viele Menschen über steigende Wohnkosten stöhnen, ist kein Widerspruch. Dank der staatlichen Energiepolitik haben sich vor allem die Nebenkosten für Strom und Wärme deutlich erhöht und belasten die privaten Haushalte stärker als früher. Die »zweite Miete« steigt nämlich viel schneller als die erste.

Eine Mietpreisbremse soll's also richten. Wird eine Wohnung nach dem Auszug eines Mieters wieder neu vermietet, darf der Vermieter in »angespannten Wohnungsmärkten« künftig höchstens zehn Prozent mehr als die ortsübliche Miete verlangen. In welchen Regionen der Wohnungsmarkt angespannt ist, sollen die Bundesländer festlegen. Treffen wird es vor allem Großstädte und Universitätsstädte wie Berlin, München, Frankfurt, Münster oder Regensburg. Doch diese Form des Mietensozialismus wird am grundlegenden Problem gar nichts ändern. Durch die Mietpreisbremse wird keine einzige Wohnung mehr gebaut. Der Investor muss erst noch gefunden werden, der die Aussicht auf künftig begrenzte Mietzuwächse so attraktiv findet, dass er seine Investitionen in Immobilien ausbaut.

Dass die GroKo-Regulierer sich hier auf vermintem Gelände bewegen, ist ihnen selbst bewusst geworden. Eigentlich sollte die Mietpreisbremse auch für neu fertiggestellte Wohnungen gelten, nicht beim Erstbezug, aber doch von der zweiten Vermietung an. Nun will Bundesjustiz- und Verbraucherschutzminister Heiko Maas die Neubauten ganz herausnehmen. Aber potenzielle Bauherren müssen damit rechnen, dass der Status »Neubau« für künftige Wohnungen nicht auf alle Zeit gelten wird. Wenn der Neubau nicht mehr ganz so neu ist, wird sich der Staat beim Mietpreis einmischen. Wer da noch baut, mag ein guter Mensch sein; ein guter Rechner ist er sicher nicht.

Im Klartext: Die Mietpreisbremse wird den Mietern nicht helfen, sondern ihnen schaden, weil sie den Wohnungsmangel verfestigt und verschärft. Natürlich werden die Vermieter bestehender Wohnungen versuchen, die politischen Auflagen zu umgehen – wahrscheinlich sogar mit augenzwinkernder Zustimmung der neuen Mieter. Den Zuschlag bekommt dann der Wohnungssuchende, der bereit ist, für irgendwelche Einbauten absurd hohe Preise zu zahlen. Da steht dann zwar die gedeckelte Miete auf dem Papier, womit dem Gesetz Genüge getan wird. In Wirklichkeit holt sich der Vermieter bei finanziell leistungsfähigen Interessenten, was der Staat ihm verwehrt. Nicht auszuschließen ist auch, dass bei staatlich gebremstem Mietanstieg viele Vermieter ihre Wohnungen verkaufen. Wer befürchten muss, dass sich seine Investitionen nicht mehr rechnen, der ist gut beraten, wenn er schnell Kasse macht.

Was das für Folgen hat, hätte Schwarz-Rot in Spanien studieren können. Dort haben Mietpreisbremsen dafür gesorgt, dass der Anteil der Mietobjekte gesunken und jener der Eigentumswohnungen deutlich gestiegen ist. Die Zeche zahlen dann die finanziell Schwächsten, die auf Mietwohnungen angewiesen sind. Es hilft halt alles nichts: Der wirksamste Schutz gegen zu hohe Mieten ist ein ausreichendes Angebot an Mietwohnungen.

Wenn die Regierung den Wohnungssuchenden, vor allem denen mit kleinem Geldbeutel, wirklich helfen wollte, müsste sie den sozialen Wohnungsbau ankurbeln und zugleich den Bau von Eigenheimen und Eigentumswohnungen durch Steuernachlässe oder Prämien fördern. Jeder »Häuslebauer« ist nämlich ein Wohnungssuchender weniger. Der Staat könnte zudem Investitionen in den Mietwohnungsbau unterstützen, indem er beispielsweise die Abschreibungsmöglichkeiten verbessert. Wenn Wohnungsbauunternehmen ihren Aufwand in den ersten Jahren zu einem höheren Prozentsatz abschreiben könnten als heute, wenn etwa die degressive Abschreibung wieder möglich wäre, wäre dies ein wirkungsvollerer Beitrag zur Belebung des Wohnungsbaus als die staatliche Zwangsbewirtschaftung des Wohnungsmangels.

Unabhängig von Zahlen, Daten und Fakten erfüllt die Große Koalition mit der Mietpreisbremse Wählerwünsche. 80 Prozent der Deutschen, so hat Allensbach im Auftrag der Regierung herausgefunden, sind für eine Mietpreisbremse bei Neuvermietungen. Welche Partei will da zurückstehen? Dabei handeln die Sozialdemokraten aus ideologischer Überzeugung und die Unionisten – zumindest einige von ihnen – wider besseres Wissen. Am Ende wird sich am Wohnungsmarkt ein Spruch aus DDR-Zeiten bewahrheiten: Der Sozialismus siecht.

11 / ENERGIEWENDE: PLANWIRTSCHAFT PUR

»Mal angenommen, die Regierung wollte die Energiewende so richtig vor die Wand fahren. Was müsste sie dafür tun? Sie müsste für steigende Stromkosten sorgen, sodass die Bürger das Ganze nicht mehr bezahlen wollen. Sie müsste für Streit zwischen den Unternehmern sorgen, indem ein Teil der Betriebe von den steigenden Stromkosten ausgenommen wäre, der andere Teil aber nicht. Sie müsste die Energiewende furchtbar kompliziert erscheinen lassen; so kompliziert, dass sie in einfachen Worten gar nicht mehr zu erklären wäre. Das Wort Energiewende würde irgendwann zum Unwort werden, und niemand hätte mehr Lust auf die Reform. Genau so entwickelt sich die Sache gerade.«

Marc Brost und Fritz Vorholz in *Die Zeit* vom 10. April 2014.

Neue Regierungen haben einen Vorteil: Bei Missständen können sie mit dem Finger auf ihre Vorgänger zeigen und über Erblasten stöhnen. Das aber kann die GroKo in der Energiepolitik auf keinen Fall. Denn da haben Union und SPD geerbt, was sie selber angerichtet haben: die SPD zu rot-grünen Zeiten mit dem »Erneuerbare-Energien-Gesetz (EEG)« und die CDU/CSU in der schwarz-gelben Koalition mit dem »Ausstieg vom Atomausstieg«, auf den nach Fukushima ein panikartiges Abschalten von Kernkraftwerken folgte.

Der Strommarkt, das ist Planwirtschaft pur. Lobbyisten und Politiker geben den Ton an, nicht Angebot und Nachfrage. Das Ergebnis sind Skurrilitäten und Kuriositäten, die nur in der schönen neuen Welt der Energiewende vorkommen, wie zum Beispiel das »Abregeln«. Sind Netze überlastet, regelt der Betreiber den Strom ab: Windräder etwa werden aus dem Wind genommen, konventionelle Anlagen abgeschaltet. Die Erzeuger erneuerbarer Energie werden für ihre entgangenen Gewinne entschädigt, die von konventioneller Energie gehen leer aus. Eine Zweiklassengesellschaft.

Eine Blüte der Planwirtschaft sind auch die »negativen Strompreise«. Wenn mehr Strom produziert als verbraucht wird, bekommen Großkunden, also die Stromfresser, Geld, weil sie überschüssigen Strom abnehmen. Und die Überproduktion wird durch die planwirtschaftlichen Regeln für regenerativ erzeugten Strom angeheizt. Diese Produzenten bekommen ihre Vergütung, egal ob der Strom gebraucht wird oder nicht. Und da Strom nicht gelagert werden kann, es zudem kaum Speicher gibt, müssen die Erzeuger ihre Überproduktion loswerden, egal wie, egal zu welchem Preis. Die planwirtschaftliche Energiewende hat auch die Figur des »Ausfallvermarkters« geschaffen. Ihm wird Strom angedient, der nicht abgesetzt werden kann, aber dennoch bezahlt werden muss. Absurdistan erscheint gegenüber dem Energiemarkt als logisch durchdachtes Konstrukt.

Die Große Koalition will dennoch, dass zusammenkommt, was nicht zusammenpasst. Deswegen hat Schwarz-Rot den Energieminister erfunden, der uns in eine gute grüne Zukunft führt – mit den Methoden der Planwirtschaft. Denn die Lehre aus den vielen absurden Ergebnissen und Fehlentwicklungen der planwirtschaftlichen Energiewende heißt nicht weniger, sondern mehr Plan. Die Fehler der Planwirtschaft werden durch mehr Planwirtschaft bekämpft. Schwarz-Rot ist beseelt von dem Glauben an die passgenaue und effektive Steuerung durch mehr staatliche Eingriffe.

Aus Sicht der GroKo ist für den Normalbürger »bezahlbare Energie« das übergeordnete Ziel. Im Koalitionsvertrag heißt es: »Mit der grundlegenden Reform (...) wollen wir Ausmaß und Geschwindigkeit des Kostenanstiegs spürbar bremsen«. Im Klartext: Die Preise steigen auf jeden Fall weiter, aber, wenn es gut läuft, nicht mehr so stark wie in den letzten Jahren. Tiefer kann eine Regierung ihr Ziel nicht hängen. Egal was kommt, dieses Ziel wird die GroKo erreichen. Symbolpolitik pur.

Bezahlbare Energie? Am Markt ist Strom billig. An der Börse kostet die Kilowattstunde rund vier Cent. Auch die Signale des Terminmarktes sind eindeutig: stabile Strompreise mindestens bis Ende des Jahrzehnts. Nach dem Markt aber kommt der Staat und treibt die Preise nach oben. Das selbst von den meisten Bundestagsabgeordneten nicht mehr durchschaubare Geflecht von Abgaben und Umlagen umfasst Konzessionsabgabe, EEG-Umlage, KWK-Umlage, die Umlage nach § 19 Absatz 2 Stromnetzentgeltverordnung, Off-Shore-Haftungsumlage und die Umlage für abschaltbare Lasten. Schließlich erhebt der Staat die Stromsteuer. Und als große Sahnehaube obendrauf kommt die Mehrwertsteuer, auch auf alle Abgaben und Umlagen. Das Ergebnis dieser Abgaben- und Steuerorgie ist ein Strompreis, der auf die 30 Cent zuläuft. Vor allem die privaten Haushalte werden geschröpft.

Nicht mehr nachvollziehbar ist die Höhe der EEG-Umlage von zuletzt über sechs Cent pro Kilowattstunde. Die Zwangsumlage ist damit höher als der Strompreis an der Börse. Das geht auf die rot-grüne Vergangenheit zurück. Wer sich Solarmodule auf Eigenheim und Lagerhallen montierte oder auf Feldern aufstellte, wer Windräder betrieb oder Strom aus Biomasse erzeugte, dem garantierte der Staat für 20 Jahre eine feste Vergütung von 50,62 Cent und die Abnahme seines Ökostroms. Wer das im Jahr 2000 gemacht hat, kassiert heute noch kräftig. Diese Subvention für die Erzeuger beläuft sich inzwischen auf mehr als 20 Milliarden Euro pro Jahr. Die Nutznießer sind vor allem Besserverdienende, die sich eine Photovoltaikanlage auf ihren Dächern leisten können. Bezahlt wird die Zeche von der Masse der privaten Haushalte über den hohen Strompreis, aber auch von den kleinen Unternehmen. Das ist lupenreine Umverteilung von unten nach oben. Und weil der Staat sich an seine eigenen Gesetze zu halten hat, kommt da keine Regierung so einfach raus.

20 Milliarden Ökostrom-Subvention, das sind mehr als doppelt so viel wie der Finanzausgleich zwischen den Bundesländern oder etwa 45 Prozent der Kosten von »Hartz« IV. Der dadurch in die Höhe getriebene Strompreis belastet nicht nur Haushalte, sondern gefährdet auch die Existenz von Industrieunternehmen mit hohem Energiebedarf. Schon Rot-

Grün und Schwarz-Gelb hatten die Folgen dieser Politik durch die Befreiung energieintensiver Produzenten von der EEG-Umlage bekämpft. Die GroKo setzt diesen Weg im Prinzip fort. Bundesenergieminister Sigmar Gabriel profiliert sich dabei besonders als Freund und Helfer der Industrie. Hatte der Sozialdemokrat im Wahlkampf die zahllosen Ausnahmen zu Gunsten der Wirtschaft noch attackiert, so steht er inzwischen auf dem Standpunkt, es helfe dem Bürger nicht, wenn für ihn der Strom billiger werde, er aber gleichzeitig seinen Arbeitsplatz verliere.

Das ist im Prinzip richtig. Doch nicht jeder Betrieb produziert so energieintensiv, wie er behauptet. Da kennt die Kreativität der Manager keine Grenzen. Personal wird ausgegliedert, einzig und allein zu dem Zweck, den Anteil der Energie an den Kosten zu erhöhen. Oder die Maschinen laufen ohne Pause, damit der Betrieb zu den privilegierten energieintensiven Unternehmen gehört. Die Folgen dieser oft erfolgreich praktizierten Umgehungsstrategien: Die Menge des von der EEG-Umlage befreiten Stroms steigt drastisch an – und der Anteil der Verbraucher an den Kosten der teuren Energiewende wohl auch.

Eine Wende bei der Energiewende, eine marktkonforme und kostenorientierte Umstellung von Energie aus fossilen Brennstoffen auf Sonnenenergie, Windenergie und Wasserkraft sowie der Bau von Stromtrassen – das müsste eigentlich das zentrale Projekt der Großen Koalition sein. Da könnte sie ihre Mehrheit nutzen, auch im Zusammenspiel mit den von CDU, SPD und CSU regierten Ländern. Ein genauer Blick auf die Energiepolitik der GroKo zeigt jedoch: So vieles wird sich gar nicht ändern. Das meiste bleibt, wie es ist. Vor allem die beiden zentralen Hebel, die Wachstumstreiber für die erneuerbaren Energien, bleiben auch im novellierten EEG fest verankert: Einspeisevorrang und feste Preise für eine sehr lange Zeit. So können Investoren von »grünem Strom« verlässlich planen und anschließend weitgehend risikofrei Geld verdienen. Das erinnert sehr an die Agrarpolitik in der alten Europäischen Wirtschaftsgemeinschaft (EWG). Da wurden Landwirte dafür bezahlt, dass sie »Butterberge« produzierten und »Milchseen« füllten. Dass es für diese Überproduktion keine Abnehmer gab, jedenfalls nicht zu wettbewerbsfähigen Preisen, interessierte niemanden.

Wettbewerb zwischen Energie aus erneuerbaren und konventionellen Quellen ist für die GroKo kein Thema. Im »Kleingedruckten« hat Energiewendeminister Sigmar Gabriel zwar ein paar Regeln formuliert, die das ungebremste Wachstum der Erneuerbaren bremsen sollen. Wichtigstes Instrument sind sogenannte atmende Deckel für Sonne, Wind und Biogas. Das heißt: Staatlich garantierte Preise gibt es nur bis zu einer bestimmten Grenze. Auch werden die Vergütungen beim Windstrom gesenkt. Mit Ausnahme von offshore erzeugter Windkraft, der Wunderwaffe der »Erneuerbaren«: »Offshore« kann auch künftig mit festen, hohen Preisen rechnen. Mit dem neuen Referenzertragsmodell will die Bundesregierung erreichen, dass Windräder nur noch an ertragreichen Standorten errichtet werden. Aber das war aus Sicht der Öko-Lobby und der Landesregierungen schon zu viel Reform. Die Deckel bleiben, werden freilich über Ausnahmeklauseln durchlöchert.

Mit dem EEG hat der Staat eine staatlich gesteuerte Parallelwelt geschaffen. Diese Welt ist von dem Leitgedanken eines ewig geltenden Anspruchs auf »Staatsknete« geprägt. Jede noch so kleine Änderung wird als Großangriff auf die heilige Energiewende brüsk abgewehrt. Bemerkenswert ist das Verhalten der Bundesländer mit ihrem Anspruch, sich jeweils selbst zu versorgen und darüber hinaus Strom zu exportieren. Thorsten Albig (SPD) zum Beispiel, Ministerpräsident von Schleswig-Holstein, vergleicht Einschränkung bei der Förderung der Erneuerbaren gleich mit dem Sozialismus à la DDR.

Die Mechanismen und Regeln für konventionell erzeugte Energie einerseits und für Energie aus erneuerbaren Quellen andererseits sind höchst unterschiedlich; sie passen einfach nicht zusammen. Bereits 2011 führte der damalige Bundesumweltminister Norbert Röttgen (CDU) ein sogenanntes Marktprämienmodell ein, ein Anreizsystem für die Direktvermarktung der erneuerbaren Energien. Das Besondere dieser Konstruktion: Die am Markt erzielten Erlöse werden durch staatlich garantierte Prämien aufgestockt. Das Risiko für die Marktteilnehmer ist minimal. Einen Markt mit null Risiko gibt es nur in der Parallelwelt der Energiewende.

Wenigstens hier geht Gabriel einen Schritt weiter. Die mit staatlichen Zuschüssen erkaufte Direktvermarktung wird Pflicht. Und es gibt eine Pilotphase mit Ausschreibungsmodellen: Dann kämen die jeweils günstigsten Anbieter zum

Zug. Geplant ist, den neuen Vergütungsmechanismus 2017 einzuführen. Das hört sich nach Wettbewerb an, was der Ökobranche bereits jetzt große Ängste bereitet. Muss es aber nicht. Denn die Öko-Lobby und die Länder werden alles daran setzen, dass es bei mehr oder weniger staatlich garantierten Abnahmepreisen bleibt.

Der Vorrang der erneuerbaren Energien hat die konventionelle Energieerzeugung zum Lückenbüßer degradiert. Die konventionellen Kohle- und Gaskraftwerke werden aber noch für lange Zeit gebraucht; sie sind Garant dafür, dass ein Mindestmaß an Strom durch die Netze fließt (Grundlast), auch wenn kein Wind weht und keine Sonne scheint. Offshore erzeugte Windenergie soll zwar in Zukunft die Grundlast-Versorgung garantieren. Doch das ist bestenfalls ein Hoffnungswert. Die Politik muss also sicherstellen, dass konventionelle Kraftwerke im Betrieb bleiben.

Bei sinkenden Preisen und geringer Auslastung lässt sich mit konventionellen Kraftwerken kaum noch Geld verdienen. Wie wenig, zeigen die abgestürzten Aktienkurse der Energieriesen RWE und E.ON, deren Marktwert jeweils um mehr als die Hälfte geschrumpft ist. Damit die großen Konzerne ihre konventionellen Kraftwerke nicht stilllegen und ihre Investitionspläne nicht noch stärker zusammenstreichen, will der Staat mit einer weiteren Subvention helfen, die bürokratisch-verschleiernd als »Kapazitätsmechanismus« bezeichnet wird. So zieht die Förderung des guten Ökostroms die Förderung des schlechten konventionellen Stroms nach sich. Ist es auch Wahnsinn, so hat es doch Methode.

Die Fehlsteuerungen des EEG-Systems reichen aber noch weiter. Es wird immer mehr Ökostrom produziert und in ein Netz eingespeist, das erweitert und modernisiert werden muss. Pläne dafür gibt es genug; allein es wird wenig gebaut. Fast jede neue Leitungsplanung führt zu heftigen Protesten und vielen Klagen. Die Bürger wollen die Kernkraft nicht, eine Trasse für grünen Strom in Sichtweite ihrer Wohnung aber ebenfalls nicht. 2009 hat die Bundesregierung den dringenden Ausbaubedarf auf 1855 Kilometer Leitungsnetz festgelegt. Davon sind bisher 268 Kilometer gebaut worden – übrigens nicht ein einziger Kilometer im Jahr 2013.

So sind wir von der schönen, heilen CO_2-freien Welt sehr weit entfernt. Statt zu sinken, steigt der Ausstoß an CO_2, weil Stein- und Braunkohle-Kraftwerke rentabler sind als umweltfreundliche Gaskraftwerke. In Deutschland wird so viel Strom mit Braunkohle produziert wie seit 1989 nicht mehr, als noch die »Dreckschleudern« in der DDR in Betrieb waren. Auch das von Schwarz-Rot novellierte EEG ändert an den falschen Weichenstellungen nichts.

Was die GroKo bei der Energiewende zu bieten hat, ist allenfalls ein Reförmchen. Die Koalition kommt freilich nicht an der Tatsache vorbei, dass der Staat vom Jahr 2000 an die Ökobranche an duftende Fleischtöpfe gelockt hat – mit dem Versprechen, diese Töpfe für lange Zeit immer wieder aufzufüllen. Welcher klug kalkulierende Investor greift da nicht zum ganz großen und ganz tiefen Löffel? Für den Staat ist dieses Modell frei von Risiken. Die Kosten tragen andere, nämlich Verbraucher und Unternehmen.

Dabei gäbe es Alternativen. Die Monopolkommission hat ein Modell entwickelt, das mit Hilfe von Quoten den Zubau der erneuerbaren Energien genau bestimmen kann. Auch dieses System wäre von einer marktkonformen Lösung noch weit entfernt. Aber es könnte wenigstens dem unkontrollierten Wachstum der »Erneuerbaren« exakte Grenzen setzen und vor allem den Zubau von Wind-, Sonne- und Biogas-Energie den Netzkapazitäten anpassen. In Schweden funktioniert das seit rund zehn Jahren.

Der frühere Umweltminister Klaus Töpfer hat zusammen mit dem Energieexperten Günther Bachmann einen anderen Vorschlag gemacht: Die EEG-Umlage soll bei 4,9 Cent gedeckelt werden. Die dadurch nicht gedeckten Zahlungsverpflichtungen aus dem EEG werden auf einen Altschuldenfonds übertragen. Das bedeutet einen Kostenschnitt: Bürger wie Unternehmen kämen in den Genuss sinkender Energiepreise. Die durch das EEG verursachten Altlasten könnten aus dem Bundeshaushalt oder mit Anleihen finanziert werden. Die Entwicklungskosten der Anfangsjahre würden dann nicht wie bisher allein die Stromkunden bezahlen, sondern alle Bürger und Betriebe; die Kosten der Energiewende würden gestreckt.

Wer, wenn nicht die Große Koalition, könnte in der Energiepolitik einen radikalen Schnitt machen und die Folgen früherer Fehler wenigstens eindämmen? Doch auch hier begnügt sich Schwarz-Rot mit dem Verwalten der Mängel – »business as usual«.

12 / WIRTSCHAFTLICH STEHEN WIR BESTENS DA – NOCH!

»Investitionsschwäche ist keine akute Krankheit. Sie verläuft schleichend. Deshalb werden die Koalitionäre vermutlich noch ausreichend Zeit haben, den Standort zu loben und den stabilen Arbeitsmarkt zu feiern. Doch in ein paar Jahren wird deutlich werden, dass die Industrie nicht mehr da ist, dass die Wertschöpfungsketten zerrüttet und die Schlüsselbranchen woanders sind.«

Ursula Weidenfeld in *Der Tagesspiegel* vom 21. Dezember 2013.

»It's the economy, stupid«. Das Motto der ersten Präsidentschaftskampagne Bill Clintons im Jahr 1992 ist unverändert aktuell: »Auf die Wirtschaft kommt es an, du Dummkopf.« Wachstum, Wohlstand und Beschäftigung garantieren keiner Regierung die Wiederwahl. Geht es wirtschaftlich jedoch abwärts, geht es meistens auch mit der Regierung zu Ende.

Im Koalitionsvertrag trägt folgerichtig das erste Kapitel die Überschrift: »Wachstum, Innovation und Wohlstand«, und das erste Unterkapitel fordert: »Deutschlands Wirtschaft stärken.« Die GroKo setzt also – jedenfalls auf dem Papier – die richtigen Prioritäten. In ihrer Industrie- und Mittelstandspolitik bekennt sie sich zur Unterstützung nahezu jeder existierenden Branche: zum Maschinen- und Anlagenbau, zur Informations- und Kommunikationswirtschaft, zur Energie- und Umweltwirtschaft, zur Medien- und Kreativwirtschaft, zur Gesundheitswirtschaft und zur Medizintechnik. Auch fehlt nicht das Versprechen, Mittelstand, Handwerk und Existenzgründer besonders zu fördern.

Die Regierungsparteien tun freilich so, als reiche es aus, kleinere Korrekturen und Ergänzungen an dem umfassenden Instrumentarium der Wirtschafts- und Mittelstandsförderung vorzunehmen. Sie handeln, als gehe es uns so gut, dass grundlegende Veränderungen nicht notwendig seien. Und als seien anhaltendes wirtschaftliches Wachstum und somit weiterhin sprudelnde Steuereinnahmen in den nächsten Jahren garantiert. Eine deutliche Abschwächung der Konjunktur, etwa als Folge weltpolitischer Verwerfungen, ist darin nicht vorgesehen. Ebenso wenig ein Anstieg der Zinsen, der den Bundesfinanzminister vor große Probleme stellen würde. Deshalb glaubt die Koalition, es sich leisten zu können, unser wirtschaftliches Potenzial sogar zu schwächen: durch die teilweise Rücknahme der »Hartz«-Reformen, durch die Einführung eines gesetzlichen Mindestlohns und durch eine großzügige Ausweitung der Rentenleistungen. Ersteres geht zu Lasten künftigen Wachstums, letzteres belastet ab sofort die öffentlichen Kassen.

Weil das Bedienen wichtiger Wählergruppen Vorrang vor einer Verbesserung der wirtschaftlichen Rahmenbedingungen hat und weil Konsum vor Investitionen rangiert, nimmt die GroKo eine Erhöhung der Lohnnebenkosten in Kauf. Die gesetzlich vorgesehene Senkung des Rentenbeitrags von 18,9 auf 18,3 Prozent zu Beginn des Jahres 2014 unterblieb wegen der Rente mit 67. Zwar will die Koalition die Lohnnebenkosten bis 2017 knapp unter der 40-Prozent-Marke halten. Dann aber ist ein Anstieg bis 2020 auf mehr als 42 Prozent zu erwarten, nicht nur wegen der Rentengeschenke, sondern auch wegen der Beitragserhöhungen in der Pflegeversicherung und des absehbaren Anstiegs der Beiträge in der Krankenversicherung.

Maximal 40 Prozent Lohnnebenkosten, das galt lange als unbedingt einzuhaltende Obergrenze, um den Wirtschaftsstandort nicht zu schwächen. Die Regierung Merkel/Müntefering war 2005 sogar so ehrgeizig gewesen, eine Senkung auf 36 oder 37 Prozent anzustreben – und damit wieder den Stand vor der Wiedervereinigung. Das hat damals, auch wegen der Finanzkrise, nicht geklappt. Aber diese GroKo hat nicht einmal mehr den Ehrgeiz, die Lohnnebenkosten und damit die Verteuerung des Faktors Arbeit zu verringern.

Ob die Regierenden wirklich der Illusion unterliegen, alles sei gut und die deutsche Wirtschaft wachse von alleine? Wohl kaum. Merkel, Gabriel, Seehofer und Co. wissen sehr wohl, dass die aktuell gute Lage samt Rekordbeschäftigung viele Schwachstellen nur überdeckt. Sie werden sich auch erinnern, dass Deutschland in den 90er Jahren schon einmal aus dem trügerischen Gefühl der Unverwundbarkeit heraus Veränderungen unterlassen und sich wirtschaftlich selbst geschwächt hat. Angesichts zu geringer öffentlicher und privater Investitionen sowie der zu erwartenden Folgen des demografischen Wandels droht eine Wiederholung. Doch fehlt es am politischen Willen wie am Mut, der Bevölkerung reinen Wein einzuschenken, ihr klarzumachen, dass zwischen einer eher rosigen Wahrnehmung und den harten Wahrheiten eine Lücke klafft.

Kein Zweifel: Deutschland ist besser als andere Länder durch die Finanz- und Wirtschaftskrise gekommen. Dies darf aber nicht den Blick auf Deutschlands größte Schwäche verstellen: Wir investieren zu wenig. Der Anteil der Investitionen am Bruttoinlandsprodukt ist in den vergangenen 15 Jahren von 20 auf 17 Prozent gesunken. Industrieunternehmen mit hohem Energiebedarf investieren bereits weniger als sie abschreiben. Das heißt, hier wird nicht einmal mehr der Bestand erhalten. Die Unsicherheit über die Kosten der Energiewende lähmt die Investitionsneigung. Viele Unternehmen erstellen neue Produktionsstätten lieber im Ausland. Die öffentlichen Investitionen gehen ebenfalls zurück, wenn man einmal vom Bildungsbereich absieht. Das alles läuft, wenn es nicht zu einer Trendwende kommt, auf eine schleichende De-Industrialisierung hinaus.

Das Schlimme und Gefährliche an unterlassenen Investitionen – in der Wirtschaft wie beim Staat – besteht darin, dass man davon längere Zeit nichts merkt. Bis es eines Tages fast zu spät ist. Der Staat hat seit den 90er Jahren in der alten Bundesrepublik zu wenig in die Infrastruktur investiert, insbesondere in Straßen und Bahnstrecken. Nach 1990 hatte zunächst der »Aufbau Ost« Vorrang, dann musste überall gespart werden. Und gespart wurde eben bei den Investitionen, nicht beim Konsum.

Ein bundesweites Symbol für unterlassene Investitionen ist beispielsweise die Rheinbrücke bei Leverkusen, ein Teilstück der A 1. Sie ist ein wichtiger Knotenpunkt in der Region Köln-Leverkusen und im europäischen Fernstraßennetz. Auf ihr rollt der Verkehr sechsspurig über den Rhein. Über sie fahren, besser: fuhren täglich mehr als 120 000 Fahrzeuge. Seit November 2012 wird das Bauwerk immer wieder für Schwerlaster gesperrt, weil die 50 Jahre alte Brücke schwere Schäden aufweist. Für Spediteure bedeutet das einen 37 Kilometer langen Umweg über Düsseldorf mit entsprechenden Kosten und volkswirtschaftlichen Schäden. Schon vor zehn Jahren hätte diese Brücke saniert werden müssen. Doch an dieser – falschen – Stelle hat der Staat gespart. Jetzt muss das Bauwerk ständig repariert werden, damit es bis zu einem Neubau im Jahr 2020 wenigstens mit Einschränkungen noch befahren werden kann.

Diese Brücke ist kein Einzelfall. Unsere Infrastruktur ist immer noch besser als in vielen anderen Ländern – aber sie ist marode und zerfällt allmählich. Die Zahlen sind erschreckend: 20 Prozent der Autobahnen und 40 Prozent der Bundesstraßen müssen dringend saniert werden. In einem beklagenswerten Zustand befinden sich auch viele kommunale Straßen. Von 25 000 Eisenbahnbrücken sind 9000 älter als hundert Jahre; bei 1400 besteht ein dringender Sanierungsbedarf. Insgesamt schiebt die Bahn beim Schienennetz einen Reparaturbedarf von gut 30 Milliarden Euro vor sich her. 10 000 der knapp 67 000 kommunalen Brücken sind in einem so schlechten Zustand, dass eigentlich nur Abriss und Neubau infrage kommen. Geschätzte Kosten: Elf Milliarden Euro.

Hier geht es nicht um Schönheitsreparaturen, sondern um das Fundament des Wirtschaftsstandorts Deutschland. Die Kosten sind beachtlich. Um das bestehende Verkehrsnetz zu erhalten und um unterlassene Erweiterungen nachzuholen, sind nach Berechnungen des Deutschen Instituts für Wirtschaftsforschung (DIW) jährlich »mindestens 6,5 Milliarden Euro« erforderlich. Und wie reagiert die Große Koalition auf diese Herausforderung? Mit einem kleinen Schritt: 1,25 Milliarden Euro pro Jahr oder insgesamt fünf Milliarden bis 2017. Von der Pkw-Maut verspricht sich Verkehrsminister Alexander Dobrindt (CSU), sofern sein Modell überhaupt durchsetzbar ist, jährlich weitere 625 Millionen Euro, die ebenfalls in die Infrastruktur fließen sollen.

Das alles ist besser als nichts, aber bei weitem nicht genug. Ganz abgesehen davon: Jede heute unterlassene Reparatur und Sanierung kostet morgen deutlich mehr. Die GroKo handelt gleichwohl nach dem rheinischen Grundgesetz »et hätt noch emmer joot jejange«. Aber es geht nicht immer gut, wie gesperrte Brücken und Straßenabschnitte zeigen, die nach unzähligen Reparaturen wie ein Flickenteppich aussehen. Der nordrhein-westfälische Verkehrsminister Michael Groschek (SPD), in dessen Bundesland es um die Infrastruktur besonders schlecht bestellt ist, hat deshalb eine Investitionsoffensive unter der Losung: »Wir reparieren Deutschland« vorgeschlagen. Doch in Berlin rafft sich die Große Koalition nur zu kleinen Reparaturen auf.

Natürlich ist das alles eine Frage des Geldes. Selbst eine Große Koalition kann nicht zaubern. Aber Geld ist ja offenbar da, wie die zusätzlichen Milliardengeschenke für Rentner und Rentnerinnen zeigen. Genau genommen ist auch genügend Geld für den Straßenbau vorhanden. Schließlich nimmt der Staat von den Autofahrern über die Mineralölsteuer, die Kraftfahrzeugsteuer und die Lkw-Maut im Jahr gut 50 Milliarden Euro ein. Die werden aber nicht für die Erhaltung und Erweiterung des Straßennetzes eingesetzt, sondern versickern zum größten Teil im Bundeshaushalt.

Zur Finanzierung einer »Reparatur-Offensive« stünde mittelfristig auch der »Soli« zur Verfügung. Dessen Aufkommen fließt schon heute nur noch teilweise in die neuen Länder. Von 2019 an dürfte er gar nicht mehr erhoben werden. Da die Politik auf diese Einnahmequelle aber sicherlich nicht verzichten wird, könnten diese Mittel in Investitionen in die Infrastruktur umgeleitet werden. Denkbar wären auch PPP-Modelle (Public-Private-Partnership), also eine Kooperation zwischen Staat und privaten Unternehmen bei Erstellung, Finanzierung und gegebenenfalls Betrieb von Infrastruktur-Projekten, wie das bei der A 7 der Fall ist. Aber PPP-Projekte im großen Stil sind für die GroKo offenbar keine Alternative.

Schon heute klagen zwei Drittel aller Betriebe, überlastete Autobahnen, marode Straßen und baufällige Brücken erschwerten ihnen das Geschäft. Doch nicht nur Straße und Schiene bedürfen einer Generalüberholung, Deutschland braucht auch eine leistungsfähigere digitale Infrastruktur. Die Zuständigkeit dafür reklamieren gleich drei GroKo-Minister: Neben Wirtschaftsminister Sigmar Gabriel noch Innenminister Thomas de Maizière (CDU) und Alexander

Dobrindt, dessen Haus den Namen »Bundesministerium für Verkehr und Digitale Infrastruktur« trägt. Dass Kompetenzrangeleien der Sache nicht dienen, versteht sich von selbst.

Doch es muss gehandelt werden. Bei der Zahl der Breitbandanschlüsse liegt Deutschland in Europa hinter Finnland, Dänemark, den Niederlanden und Großbritannien. Allerdings fehlen vor allem in ländlichen Regionen leistungsfähige Netze, was nachteilig für die dortigen Betriebe ist und selbst die Einrichtung von digitalen Heimarbeitsplätzen behindert. Die Regierung will bis 2018 die flächendeckende Versorgung mit Breitbandnetzen sicherstellen. Vorangekommen ist das Projekt aber noch nicht. Ohnehin ist fraglich, ob »Datenautobahnen« mit einer Übertragungsgeschwindigkeit von 50 Megabit pro Sekunde nicht bereits wieder zu langsam wären. Manche Experten halten sogar 300 Megabit für notwendig, wenn die deutsche Industrie vor allem mit der asiatischen Konkurrenz mithalten will.

Die Versäumnisse der Vergangenheit kann man der derzeitigen Koalition nicht anlasten. Im Koalitionsvertrag versprechen die Regierungsparteien eine »Hightech- und Innovationsstrategie für Deutschland« und kündigen eine Vielzahl von Initiativen an. Allein: Im Bundeshaushalt sind nicht die notwendigen Mittel bereitgestellt. Für ein flächendeckendes Glasfasernetz wären in den nächsten Jahren Investitionen zwischen 30 und 50 Milliarden Euro notwendig. Zusammen mit dem Investitionsbedarf für die alten Verkehrswege sprechen wir hier also über 80 Milliarden Euro. Um die zu finanzieren, ist vieles denkbar: Einsparungen bei den unzähligen Subventionen für die Wirtschaft, Public-Private-Partnership-Projekte oder die Mobilisierung privaten Kapitals über einen Sonderfonds. Doch den großen Wurf bleibt die Große Koalition bisher schuldig. Alle reden von Investitionen, doch der Staat investiert nicht genug.

13 / EIN FREMDWORT MIT ZWÖLF BUCHSTABEN: STEUERREFORM

»Immer wieder wird Bürgern und Unternehmern bei Wahlen ein einfaches, niedriges und gerechtes Steuerrecht versprochen – passiert ist bislang aber fast nichts. Warum ist das deutsche Steuersystem so schwer reformierbar?
Johanna Hey: Zum größten Teil, weil es am Willen fehlt, eine Grundsatzreform durchzuführen. Stattdessen wird immer nur am bestehenden Chaos herumgedoktert. Im Vordergrund steht dabei nicht die Verbesserung des Steuersystems, sondern vor allem das Steueraufkommen.«

Prof. Dr. Johanna Hey, Direktorin des Instituts für Steuerrecht in Köln, im Interview mit Focus-Online am 16. Januar 2011.

»Wer da suchet, der findet.« Selbst wer sich an dieses Bibelwort hält, kann im Koalitionsvertrag lange suchen, ohne dieses Wort zu finden: Steuerreform. Auf den 185 Seiten steht es jedenfalls nicht. In der Regierungserklärung der Kanzlerin kam es ebenso wenig vor. Auch sonst nimmt niemand aus der ersten Reihe der Koalition das S-Wort in den Mund. Steuerreform? Haben wir nicht, kennen wir nicht, brauchen wir nicht.

Der Grund: Bei der aktuellen Neuauflage von Schwarz-Rot haben sich Union und SPD an der Steuerfront auf einen Waffenstillstand geeinigt. Die Sozialdemokraten tun so, als hätten sie ihren Wählern vor der Wahl nie versprochen, die besonders Tüchtigen, besonders Fleißigen und besonders Glücklichen kräftig zu schröpfen. Ein höherer Spitzensteuersatz, eine neue Vermögensteuer und eine Verschärfung der Erbschaftsteuer, dafür hatte die SPD im Wahlkampf gekämpft. Die CDU/CSU dagegen hatte schlicht »keine Steuererhöhungen« postuliert – und sich in den Koalitionsverhandlungen durchgesetzt.

»Keine Steuererhöhungen« war – zusammen mit der Mütterrente – das zentrale Wahlversprechen der Union; nennenswerte weitere Ankündigungen machte sie erst gar nicht. Wenn eine bestimmte machtpolitische Konstellation Steuererhöhungen ausschließt, muss das jedoch keinen steuerpolitischen Stillstand nach sich ziehen. Gleichwohl scheinen die Koalitionäre für dieses Alibi dankbar zu sein, können sie doch ihre steuerpolitische Untätigkeit mit den Koalitionszwängen ganz gut begründen.

Diese Strategie spielt auch Bundesfinanzminister Wolfgang Schäuble in die Hände. Der hat nicht nur in erster Linie den ausgeglichenen Haushalt 2015 im Blick. Als Mann mit der größten Erfahrung im Kabinett weiß er, dass eine Steuerreform kein wirkliches Gewinnerthema ist. Der Aufschrei derer, die dabei Einbußen hinnehmen müssen, ist laut. Begünstigte hingegen nehmen die Verringerung ihrer persönlichen Steuerlast als pure Selbstverständlichkeit hin. Dankbarkeit ist von den Reformgewinnlern jedenfalls nicht zu erwarten. Am deutschen Steuersystem vier Jahre lang nicht zu rühren, ist gleichwohl unverantwortlich, gerade bei einer

Großen Koalition. Wer, wenn nicht diese Regierung mit ihrer 80-Prozent-Mehrheit, könnte, ja müsste sich wenigstens einer »Großbaustelle« zuwenden – dem Abbau der »kalten Progression«.

Unser Einkommensteuersystem ist so angelegt, dass wir von jeder Einkommenserhöhung einen höheren Prozentsatz an Steuern abführen müssen. Denn Steuerprogression heißt: Bei steigendem Einkommen steigt die Steuerbelastung überproportional.

Dumm nur, wenn etwa eine Lohnerhöhung gerade einmal die Preissteigerungen ausgleicht. Dann hat der Betroffene zwar nominal mehr in der Tasche, seine Kaufkraft ist aber trotz der Einkommenserhöhung nicht höher. Es kann sogar vorkommen, dass das Realeinkommen sinkt, weil Inflation und »kalte Progression« zusammen höher sind als der Lohnanstieg. Selbst wenn die nominale Einkommenserhöhung höher ist als die Preissteigerung, dämpft die Besteuerung des Inflationsausgleichs den möglichen Zuwachs an Kaufkraft.

Die »kalte Progression« trifft in erster Linie Arbeitnehmer mit kleinen und mittleren Einkommen. Denn der Anstieg der Steuerbelastung ist ausgerechnet bei zu versteuernden Jahreseinkünften zwischen 8355/16 708 und 13 470/26 940 Euro (Ledige/Verheiratete) besonders groß; der Steuersatz steigt hier von 14 auf 24 Prozent. Jenseits der Grenze von 52 882/105 764 Euro beträgt der Steuersatz konstant 42 Prozent. Er erhöht sich erst wieder von 250 731/501 462 Euro an, wenn die »Reichensteuer« von 45 Prozent greift.

Dieser für die Bezieher kleiner und mittlerer Einkommen besonders ungünstige Tarifverlauf wird noch durch das Zusammenspiel von progressivem Tarif und Inflation verstärkt. Auch wenn es oft behauptet wird: Niemand hat nach einer Einkommenserhöhung nominal weniger in der Tasche. Das ist schlichtweg Unsinn. Aber der Betreffende kann sich wegen der »kalten Progression« von dem, was er hat, weniger kaufen. Denn »kalte Progression« läuft auf eine heimliche Teil-Enteignung der Steuerzahler hinaus.

Nach Berechnungen des Bundes der Steuerzahler verliert ein lediger Arbeitnehmer mit einem Jahreseinkommen von 24 000 Euro bei einer Gehaltserhöhung in Höhe der Preissteigerung durch die »kalte Progression« in diesem Jahr 175 Euro. Im Jahr 2018 steigt sein Verlust auf 459 Euro. Bei einem Ehepaar mit zwei Kindern und einem Jahreseinkommen von 75 000 Euro erhöhen sich die »Kosten der kalten Progression« von 663 Euro in diesem Jahr auf 1620 Euro im Jahr 2018. Für Menschen, die rechnen müssen, sind das keine »Peanuts«.

Die Koalition weiß um diese Problematik. Sie ist auch mehrfach von den Gewerkschaften aufgefordert worden, für Abhilfe zu sorgen. Denn es sind vor allem die Arbeitnehmer, die unter der »kalten Progression« leiden. Die Union zögert, weil ihr eigener Finanzminister kein großes Interesse daran hat. Die SPD wiederum will Ärger mit dem eigenen linken Flügel vermeiden, hat sie doch bisher immer auf einem Junktim zwischen dem Abbau der »kalten Progression« und Steuererhöhungen für die »Reichen« bestanden. Eine Steuerreform ohne »Strafe« für die Besserverdienenden ist für SPD-Linke eben eine ganz schlechte Reform.

In der Vergangenheit ist der Anstieg des Steuertarifs im unteren Bereich mehrfach im Rahmen von größeren Steuerreformen gesenkt worden. Eine solche Maßnahme hilft nur ein paar Jahre lang, bis die Preissteigerungen diesen Effekt wieder aufgehoben haben. Das Mindeste wäre, wenn sich der Staat selbst gesetzlich verpflichtet, diese Anpassung zu Gunsten der kleinen und mittleren Einkommen alle zwei Jahre vorzunehmen.

Eine große, das heißt dauerhafte Lösung könnte darin bestehen, einen »Tarif auf Rädern« einzuführen. Bei diesem System verschiebt sich die steuerliche Belastung im Gleichklang mit der Preissteigerung. Steigt das Einkommen im gleichen Maße wie die Preise, wird immerhin die Kaufkraft erhalten. Wer, wenn nicht die Große Koalition, könnte eine solche Reform eigentlich stemmen? Der Einwand, dafür sei kein Geld da, zieht nicht. Bis zum Jahr 2018 werden die Steuereinnahmen des Staates von 620 Milliarden Euro im Jahr 2013 auf 739 Milliarden Euro steigen, ein Zuwachs von 19 Prozent oder 3,8 Prozent im Jahr.

Nicht nur diese Schätzungen, sondern auch die Zahlen der Vergangenheit belegen, dass wir in einem Land mit munter sprudelnden Steuerquellen leben. 1991, im Jahr eins nach der Wiedervereinigung, nahm der Fiskus insgesamt 338 Milliarden Euro an Steuern ein. 2014 werden es laut Steuerschätzung 640 Milliarden sein, ein Plus von knapp 90 Prozent oder von 3,9 Prozent pro Jahr. Der Staat hat also nicht immer weniger Geld. Er gibt nur permanent mehr aus, als er einnimmt. Und da soll kein Geld da sein, um endlich mit der Praxis Schluss zu machen, dass der Fiskus den Inflationsausgleich bei kleinen Leuten wegsteuert?

Kein oder kaum Geld kosten müsste es, den irrsinnigen Wildwuchs bei der Mehrwertsteuer zu beseitigen. Kein Mensch kann nämlich vernünftig begründen, warum derselbe »Hamburger« mit 19 Prozent besteuert wird, wenn er im Lokal gegessen wird, aber nur mit sieben Prozent, wenn der Kunde erst vor der Tür hineinbeißt. Oder warum auf die Übernachtung im Hotel nur sieben Prozent, auf das Hotelfrühstück hingegen 19 Prozent fällig werden.

Schon die alte CDU/FDP-Koalition hat erst gar nicht versucht, diesen Dschungel zu lichten. Vielmehr hat sie mit der Senkung der Mehrwertsteuer für Hotelübernachtungen den Wirrwarr noch vergrößert. Schwarz-Rot knüpft da nahtlos an. Statt die unlogischen Steuerrabatte bei der Mehrwertsteuer zu beseitigen, hat sie eine weitere Ausnahme beschlossen. Von 2015 an wird die steuerliche Ungleichbehandlung von gedruckten und gesprochenen Büchern beendet. Dann gilt auch für Hörbücher der ermäßigte Satz. Die Bundesregierung und die begünstigte Buchbranche feierten das als großen Erfolg für das »Kulturgut Buch«. Wer seine Lektüre im Internet als E-Book lädt, muss dagegen weiterhin 19 Prozent zahlen. Das wiederum liegt an entsprechenden EU-Vorschriften.

Wir sehen: Die GroKo widmet sich umsatzsteuerlichen Petitessen. An eine nahe liegende, große Lösung wagt sie sich ungeachtet ihrer Stärke aber nicht heran: Ein niedrigerer, einheitlicher Mehrwertsteuersatz von 16 oder 17 Prozent auf alles – ohne jede Ausnahme. Das bedeutet weniger Bürokratie, erlaubt Preissenkungen und wäre ein Zeichen dafür, dass der Staat seine Hauptaufgabe nicht darin sieht, den Betrieben das Leben schwer zu machen. Ein solcher Schritt hätte sicher auch eine positive psychologische Wirkung: Der Staat rafft sich auf, ein nicht mehr zu erklärendes und zu verstehendes »System« von Grund auf zu erneuern.

Nun entfallen vom gesamten Aufkommen an Mehrwertsteuer rund zehn Prozent oder 20 Milliarden Euro auf die niedrig besteuerten Lebensmittel. Die würden dann bei einem einheitlichen Steuersatz von 16 oder 17 Prozent deutlich teurer. Es gibt Berechnungen, dass dies die Verbraucher mit etwa 45 Milliarden Euro belasten würde. Hier müsste der Staat bei den sozial Schwachen für einen Ausgleich sorgen, etwa durch eine Anhebung der »Hartz«-IV-Sätze. Doch die scheinbaren Kosten halten sich in Grenzen. Die Empfänger von Arbeitslosengeld I und II, Sozialgeld und ähnlichen Transferleistungen geben das, was sie vom Staat erhalten, nämlich mehr oder weniger vollständig aus; sparen können sie oft gar nicht. Würde der Staat ihre Transferleistungen entsprechend erhöhen, damit dieser Personenkreis die wegen des angehobenen Mehrwertsteuersatzes höheren Lebensmittelpreise zahlen kann, flösse das Geld wieder zum Fiskus zurück. Das wäre somit eine Reform, die sich zum größten Teil selbst finanziert.

Zu den Tabus der GroKo gehört auch der Solidaritätszuschlag. Seine Erhebung war nach der Wiedervereinigung richtig. Erinnerte dieser Zuschlag zur Lohn- beziehungsweise

Einkommensteuer, zur Kapitalertrag- und Körperschaftsteuer doch Bürger wie Unternehmen immer wieder daran, dass der »Aufbau Ost« eine gewaltige finanzielle Belastung darstellte. 12 bis 13 Milliarden Euro im Jahr – der »Soli« spülte und spült reichlich Geld in die Staatskasse.

25 Jahre nach dem Mauerfall passt dieses »Notopfer« jedoch nicht mehr zur vereinten Republik. Ohnehin handelt es sich bei dem »Soli« um einen Etikettenschwindel. Das auf diese Weise eingenommene Geld kommt gar nicht direkt der Verbesserung der ostdeutschen Infrastruktur zugute. Es fließt ebenso in die Staatskasse wie jede andere Steuer – ohne jede Zweckbindung. Besonders grotesk: Diese Abgabe bringt längst mehr ein, als vom Bund noch für Ostdeutschland ausgegeben wird. Ganz abgesehen davon, dass der »Aufbau Ost« inzwischen weitgehend abgeschlossen ist.

Der »Soli« ist noch aus einem anderen Grund ein Ärgernis. Weil er als Zuschlag von 5,5 Prozent zur Lohn- beziehungsweise Einkommensteuer erhoben wird, verschleiert er die tatsächliche Höhe der steuerlichen Belastung. Offiziell beträgt der Spitzensteuersatz 42 Prozent für Einkommen ab 52 882/105 764 Euro (Ledige/Verheiratete) und 45 Prozent ab 250 731/501 462 Euro (Reichensteuer). Einschließlich des Solidaritätszuschlags liegt der Spitzensteuersatz faktisch also bei 44,3 beziehungsweise 47,5 Prozent – und das noch ohne die Kirchensteuer. Solange es also den »Soli« gibt, so lange liefert er den Steuererhöhungsideologen falsche Argumente im Zusammenhang mit der tatsächlichen Belastung der »Reichen«.

Der entscheidende Grund, der die Große Koalition hier zum Handeln zwingen müsste, ist aber ein ganz anderer: Der »Soli« war von Anfang an auf die Zeit bis 2019 befristet. Deshalb gehört diese Abgabe endlich »abgewickelt«. Wer könnte das besser schaffen als eine Große Koalition? Doch sie will auf diese sprudelnde Einnahmequelle ebenso wenig verzichten wie auf die »Windfall-Profits« der »kalten Progression«. Das Mindeste wäre deshalb, den »Soli« in den Einkommensteuertarif zu integrieren. Wenn der Finanzminister schon auf keinen Euro verzichten will, müsste er die Steuersätze um etwa zwei Prozent anheben. Das wäre immerhin ein Beitrag zur Steuervereinfachung. Der Solidaritätszuschlag müsste nicht mehr eigens berechnet und erhoben werden. Aber nicht einmal diese Minireform packt diese Koalition an.

Ob Abbau der kalten Progression, Beseitigung des Mehrwertsteuerirrsinns oder Solidaritätszuschlag: Die Große Koalition kann und will sich zu keiner wesentlichen Veränderung aufraffen. Wären der damalige Bundesfinanzminister Franz Josef Strauß und die erste Große Koalition in dieser Beziehung ebenfalls so mutlos und lustlos gewesen, hätten wir heute noch die Allphasen-Netto-Umsatzsteuer, wo Umsatzsteuer auf die Umsatzsteuer erhoben wurde. Früher war nicht alles besser – aber manches schon.

14 / GELD FÜR FAMILIEN: OHNE ZIEL UND OHNE PLAN

»Es gibt nicht mehr viele Politikfelder, auf denen mit solchen harten Bandagen gekämpft wird wie in der Familienpolitik. Von Verschwendung ist die Rede. 200 Milliarden Euro, vom Kindergeld über die Witwen- und Waisenrente bis hin zum Ehegattensplitting, gelten als ›ineffektiv‹. (…)
Nur: Woran bemisst sich dieses Urteil überhaupt? Woran messen wir den Erfolg von Familienpolitik? Das ist die Gretchenfrage. Bevor die nicht beantwortet ist, ist jedes Urteil sinnlos. Entscheidet sich der Erfolg an der Zahl der Geburten? Oder an der Zahl armutsgefährdeter Familien? Entscheidet er sich an der Erwerbstätigenquote von Frauen? Oder am subjektiven Wohlbefinden der Familie?«

Die damalige Familienministerin Kristina Schröder in der *Frankfurter Allgemeinen Zeitung* vom 5. Februar 2013.

»Familienfreundlichkeit verankern wir als Leitprinzip der Gesetzgebung und exekutiven Handelns.« Auf so eine gedrechselte und holprige Formulierung muss man erst einmal kommen. So steht es aber auf Seite 96 des Koalitionsvertrags. Dann wird es etwas konkreter: Die Familie soll gestärkt, die Vereinbarkeit von »Familie und Beruf, Erziehung, Betreuung, Bildung« erleichtert, die Kindertagesbetreuung quantitativ und qualitativ verbessert werden. Eine »moderne, lebenslauforientierte Zeitpolitik«, was immer das sein mag, soll die anderen Maßnahmen flankieren. Dazu kommen das »ElterngeldPlus« sowie ein Partnerschaftsbonus für Familien, in denen beide Eltern Teilzeit arbeiten.

Wir sehen, die GroKo stellt auch hier ihr großes Herz unter Beweis. Und gleich mehrere Kabinettsmitglieder demonstrieren, dass man/frau – sofern er/sie nur will – sich mitten in der Woche immer wieder Auszeiten für die Kinder nehmen kann. Vizekanzler Sigmar Gabriel hat die Mittwochnachmittage für seine kleine Tochter Marie in Goslar reserviert, Familienministerin Manuela Schwesig denselben Nachmittag für ihren Sohn in Schwerin. Arbeitsministerin Andrea Nahles nimmt sich freitags einen »Bonn-Tag«. Dann fliegt sie am Donnerstagabend nach Köln und fährt von dort weiter zu Kind und Mann in die Eifel. Freitags bringt sie Ella in die Kita, arbeitet dann in der Zweigstelle Bonn des Arbeitsministeriums und holt das Töchterchen später wieder ab.

Justizminister Heiko Maas verschiebt schon mal eine Pressekonferenz, um die Geburtstagsfeier seines Sohnes nicht zu verpassen. Verteidigungsministerin Ursula von der Leyen hat schon das Familien- und das Arbeitsministerium tageweise vom Familiensitz Hannover aus geführt. Da werden schon mal Mitarbeiter von Berlin an den heimischen Küchentisch beordert, was im wahren Berufsleben außerhalb der Politik bestimmt so nicht möglich wäre. Auch ihre Kollegin Schwesig hat ein »Home Office« am Wohnort in Mecklenburg-Vorpommern. Den Maries und Ellas sei es gegönnt.

Eines hat diese Regierung freilich nicht: klar definierte Prioritäten bei ihrer Politik für Familien. Man ahnt zwar, worauf das alles hinausläuft: Dass Mütter nach der Geburt dem Arbeitsmarkt möglichst schnell wieder zur Verfügung stehen, um das Bruttoinlandsprodukt zu steigern. Und dass berufstätigen Eltern von Vater Staat ein großer Teil der Familien- und Erziehungsarbeit abgenommen wird. Es lebe die staatliche Ganztagsbetreuung! Das familiäre GroKo-Ideal sind offenbar Väter und Mütter, die beide 32 Stunden arbeiten, solange die Kinder sehr klein sind, um möglichst bald zur Vollzeittätigkeit zurückzukehren. Auch wenn ein Regierungsmitglied das so nie sagen würde: Aus GroKo-Sicht sind nur werktätige Mütter gute Mütter und nur Väter, die der Familie zuliebe beruflich zurückstecken, gute Väter.

Man kann diese Position vertreten und begründen, unter arbeitsmarktpolitischen Gesichtspunkten wie unter dem Aspekt der Gleichberechtigung. Nur sollte man dann auch konsequent dazu stehen. Dann müsste der gesamte familienpolitische Instrumentenkasten auf dieses Ziel hin angeschaut und neu sortiert werden. Genau das geschieht aber nicht. Die Große Koalition hält stattdessen an den im Laufe der Zeit eingeführten 156 Leistungen und Vergünstigungen für Familien fest, ja sie weitet dieses gigantische Sammelsurium zum Beispiel durch das »ElterngeldPlus« noch aus. Die gut 200 Milliarden Euro, die das alles – mit steigender Tendenz – jährlich kostet, nimmt sie als unabänderlich hin.

200 Milliarden Euro entsprechen rund sieben Prozent des Bruttoinlandsprodukts. Man kann auch eine andere Rech-

nung aufmachen, wie das Zentrum für Europäische Wirtschaftsforschung (ZEW) es getan hat. Danach kann ein junges Paar damit rechnen, dass der Staat ihm im Durchschnitt bis zur Rente 133 000 Euro an familienpolitischer Unterstützung zukommen lässt. Eine Familie mit drei Kindern darf sogar im Lauf der Jahrzehnte mit rund 300 000 Euro rechnen. Das sind stolze Summen. Doch niemand kann sagen, was mit diesen Geldern genau erreicht wird. Eines steht jedenfalls fest: 2014 werden hierzulande nur halb so viele Kinder geboren wie 1964, obwohl der Staat heute pro Kind fast hundertmal so viel ausgibt wie vor 50 Jahren. Was die Politik nicht daran hindert, am bestehenden System festzuhalten und es auszubauen.

Die Familienpolitik versucht im Großen und Ganzen vier verschiedene Ziele zu erreichen: Familien soll generell finanziell geholfen werden, junge Familien sollen ermuntert werden, mehr Kinder zu bekommen – oder wenigstens eines. Den jungen Eltern, vor allem den Müttern, soll es leichter gemacht werden, Kinder großzuziehen und gleichzeitig dem Arbeitsmarkt zur Verfügung zu stehen. Schließlich soll die Familienarbeit zwischen Müttern und Vätern besser, das heißt gleichmäßiger aufgeteilt werden. Jedes dieser Ziele ist sicher erstrebenswert. Das Problem ist nur, dass sie sich teilweise widersprechen. Dementsprechend widersprüchlich sind manche familienpolitischen Maßnahmen.

Die meisten Leistungen kommen den Familien generell zugute, erhöhen ihre finanzielle Leistungsfähigkeit. Das Ehegattensplitting, das allein rund 20 Milliarden Euro kostet, zählt ebenso dazu wie Kindergeld und Kinderfreibeträge (41 Milliarden), die beitragsfreie Mitversicherung von Ehepartnern (13 Milliarden) und Kindern (16 Milliarden) in der gesetzlichen Krankenversicherung oder die Kindererziehungszeiten in der Rentenversicherung (12 Milliarden). Zur Familienförderung zählen unter anderem auch Witwen- und Witwerrenten, die mit 38 Milliarden zu Buche schlagen. Fast alle diese Leistungen rühren aus den Zeiten, als man getrost davon ausgehen konnte, auf jede Eheschließung folge über kurz oder lang die Geburt von Kindern. Oder um es mit Konrad Adenauer zu sagen: »Kinder kriegen die Leute immer.« Nach dieser Logik bedeutete Geld für junge Paare fast automatisch eine Investition in Kinder und für ältere Paare eine nachträgliche »Belohnung«.

Das freilich hat sich geändert, auch wenn weiterhin 75 Prozent aller Kinder bei verheirateten Eltern aufwachsen. Gestiegen ist nicht nur die Zahl der Paare, die bewusst kinderlos bleiben. Gestiegen ist auch die Zahl der Familien mit nur einem Kind. Die Folge: Die Geburtenrate ist bei uns von 2,1 Kindern je Frau in den 1970er Jahren auf 1,39 Kinder pro Frau gefallen und weder das Elterngeld noch der massive Kitaausbau haben daran etwas geändert. Der deutliche Geburtenrückgang stellt aber die Zukunft der deutschen Gesellschaft infrage.

Bisher hatten alle Regierungen – auch aus historischen Gründen – eine gewisse Scheu, sich offen dazu zu bekennen, die Geburtenrate steigern zu wollen. Das ist auch nur indirekt möglich, weil niemand sich nur wegen einer staatlichen

Prämie oder wegen eines attraktiveren Kindergeldes für ein Kind oder mehrere Kinder entscheiden dürfte. Die massive Familienförderung in Frankreich durch das Familiensplitting und die umfassende Ganztagsbetreuung in Schweden lassen vermuten, dass finanzielle Anreize und Betreuungsangebote ihre Wirkung nicht verfehlen. Schließlich liegt die Geburtenrate in diesen beiden Ländern bei 1,99 beziehungsweise 1,98. Das Gegenbeispiel sind freilich die USA. Dort gibt es so gut wie keine familienbezogenen Leistungen des Staates. Dennoch bekommen die Amerikanerinnen im Schnitt 1,93 Kinder.

Die deutsche Familienpolitik beruht auf der Annahme, vor allem die Entscheidung für ein zweites oder drittes Kind sei häufig eine Frage der Finanzen. Hier sollen – neben dem Kindergeld – das Eltern- und das Betreuungsgeld helfen. Gerade bei Familien mit mittleren Einkommen soll der Staat mit dem Elterngeld einen Teil des Einnahmeausfalls ausgleichen, der durch eine berufliche Pause von Mutter, Vater oder beiden entsteht. Auch nicht berufstätige Mütter oder Väter werden durch das Betreuungsgeld im zweiten und dritten Jahr nach der Geburt bessergestellt. Was theoretisch möglich erscheint, nämlich Paare durch finanzielle Leistungen zu mehr Kindern zu ermuntern, wird in der Praxis indes nicht bestätigt: Die Geburtenrate verharrt bei knapp 1,4 Kindern pro Frau auf zu niedrigem Niveau. Und die GroKo gab bisher nicht zu erkennen, ob und wie sie daran etwas ändern möchte. Ein Familiensplitting nach französischem Vorbild ist in Berlin jedenfalls kein Thema.

Für das familienpolitische Ziel, die Vereinbarkeit von Beruf und Familie zu erleichtern, ist in den vergangenen Jahren am meisten getan worden. Der Rechtsanspruch auf einen Kita-Platz für alle Kinder unter drei Jahren und der massive Ausbau des Betreuungsangebots waren das Werk der Großen Koalition II zwischen 2005 und 2009. Diese Politik setzt die GroKo III fort. Staatliche Bemühungen, gerade Müttern die Berufstätigkeit zu erleichtern, werden freilich dadurch konterkariert, dass das Ehegattensplitting in seiner heutigen Form vielfach einen Anreiz bietet, dass Mütter nicht arbeiten. Schließlich wird der Splittingvorteil teilweise oder ganz aufgezehrt, wenn beide Partner Geld verdienen. In dieselbe Richtung wirkt die beitragsfreie Mitversicherung von nicht berufstätigen Ehefrauen in den gesetzlichen Krankenkassen. Sobald die Frau arbeitet, steigt also nicht nur die Steuerlast der Familie, sondern wird auch die Krankenversicherung teurer. So fördert der Staat beides: die Berufstätigkeit von Müttern wie ihre Nicht-Berufstätigkeit.

Die Widersprüchlichkeit unserer Familienpolitik zeigt sich ebenso bei den Bemühungen, die Arbeitsteilung zwischen Männern und Frauen zu verbessern. Hier ist der GroKo eine neue Wohltat eingefallen – das »ElterngeldPlus«. Beim bisherigen Elterngeld können Mütter, die nach der Geburt nicht arbeiten, zwölf Monate lang zwischen 65 und 67 Prozent des bisherigen Nettoeinkommens vom Staat erstattet bekommen, maximal 1800 Euro im Monat. Wenn der Vater beruflich ebenfalls aussetzt, zahlt der Staat zwei Monate länger. Dabei bleibt es.

Zusätzlich soll das »ElterngeldPlus« vor allem die Teilzeittätigkeit beider Elternteile fördern. Wenn jeweils ein Elternteil in den ersten Lebensmonaten eines Kindes Teilzeit arbeitet, kann das Elterngeld in halber Höhe bis zu 28 Monate lang bezogen werden. Das bedeutet eine deutliche Verbesserung gegenüber der bisherigen Regelung. Einen zusätzlichen »Partnerschaftsbonus« gibt es von Vater Staat, wenn Mütter und Väter nach der Geburt beide gleichzeitig auf Teilzeit umsteigen und sich somit aus Sicht der Regierung in doppelter Hinsicht optimal verhalten: durch die schnelle Rückkehr der Mutter auf den Arbeitsmarkt, die Arbeitszeitreduzierung des Vaters und die gleichmäßige Aufteilung von Hausarbeit und Kindererziehung auf beide. Dann, und nur dann, wird das »ElterngeldPlus« weitere vier Monate gezahlt.

Familienpolitisch korrektes Verhalten lässt sich die GroKo etwas kosten. Wie schon beim regulären Elterngeld ist dem Staat auch hier ein Kleinkind, das zumindest zeitweise vom Vater versorgt wird, mehr Geld wert, als wenn sich »nur die Mutter« um das Kind kümmert. Eine Form der Mütter-Diskriminierung, die Feministinnen geflissentlich übersehen.

Wie immer man zu den einzelnen Elementen der Familien- und Kinderförderung stehen mag: Ein in sich stimmiges Konzept hat auch diese Regierung nicht. Offenbar hält sie alle 156 Förder- und Unterstützungsmaßnahmen für richtig und unverzichtbar, obwohl sie sich teilweise widersprechen. Dies alles einmal auf den Prüfstand zu stellen, wäre eine echte Herausforderung für jede Regierung, vor allem für eine Große Koalition mit breiter Mehrheit. Die scheut sich aber, klare Ziele der Familienpolitik zu formulieren. Aus gutem Grund: Man könnte sie ja daran messen.

Nun lässt sich das in vielen Jahrzehnten gewachsene Neben- und Gegeneinander unterschiedlicher Instrumente nicht so einfach bereinigen. Einer vollständigen Abschaffung des Ehegattensplittings stehen verfassungsrechtliche Gründe entgegen, sein Ausbau zu einem Familiensplitting wäre teuer und wohl nur über die Streichung anderer Maßnahmen zu finanzieren. Auch der Wegfall der beitragsfreien Mitversicherung von nichtberufstätigen Ehegatten in der Krankenversicherung erforderte einen Umbau des Systems. Ohnehin bestraft unser Krankenkassensystem die Berufstätigkeit beider Eltern. Wenn Vater und Mutter arbeiten, zahlen sie zusammen einen höheren Krankenkassenbeitrag, als wenn die ganze Familie über den Alleinverdiener oder die Alleinverdienerin mitversichert wäre. Ein Mehr an Leistung ergibt sich daraus nicht, denn die gesetzlichen Krankenkassen und die Ersatzkassen erbringen ihre Leistungen unabhängig von der Beitragshöhe der Versicherten. Anders ausgedrückt: Wenn Vater und Mutter Kassenbeiträge entrichten, steht den mitversicherten Kindern deshalb keine Vorzugsbehandlung zu. Diese Koalition ist aber offenbar gar nicht daran interessiert, sich diese Ungereimtheiten im System einmal genau anzuschauen. Vor grundlegenden Veränderungen in der Familienpolitik scheut sie zurück. Denn hinter jeder einzelnen Wohltat steht eine Lobby.

Zu den Tabus, an denen die GroKo ebenfalls nicht rühren will, gehört die Frage nach einer angemessenen Beteiligung von Singles und kinderlosen Paaren an der Familienpolitik. Man kann es drehen, wie man will: Ohne Kinder ist die Rentenversicherung übermorgen zahlungsunfähig. Ohne Kinder stößt unsere Wirtschaft an Wachstumsgrenzen. Ohne Kinder droht unserer immer älter werdenden Bevölkerung in absehbarer Zeit ein dramatischer Pflegenotstand. Die Eltern von Kindern leisten deshalb einen überproportionalen Beitrag für diese Gesellschaft.

Kinder verursachen Kosten – etwa 120 000 Euro bis zur Vollendung des 18. Lebensjahres. Eltern verzichten in der Regel – trotz Kinder- und Elterngeldes – auf Einkommen, weil sie die Erwerbstätigkeit zeitweise oder dauerhaft reduzieren oder ganz einstellen. Obendrein bekommen sie im Alter eine geringere Rente, weil sie bis zum Erreichen der Altersgrenze häufig weniger verdienen und deshalb weniger Beitragspunkte in der Rentenversicherung ansammeln können als kinderlose Alleinstehende oder kinderlose Doppelverdiener. Ihre Möglichkeiten zur privaten Altersvorsorge sind wegen der Kosten ihrer Kinder auch geringer als die von Kinderlosen.

Bereits als die dynamische Rente in der zweiten Hälfte der 1950er Jahre eingeführt wurde, gab es den Vorschlag, neben der Rentenversicherung eine Familienkasse einzurichten. In diese sollten nur Kinderlose einzahlen müssen. Es wäre ein Lastenausgleich zwischen denen, die Kinder großziehen, und denen, die von den Beitragszahlungen der Kinder anderer Leute profitieren. Es wäre auch ein Beitrag zur Verteilungsgerechtigkeit zwischen Eltern und Kinderlosen. Da jedoch die Zahl der Singles in diesem Land steigt, sind für die Wahlkämpfer aller Parteien beispielsweise höhere Renten- oder Krankenkassenbeiträge für Kinderlose tabu. Auch in der Familienpolitik lautet das Motto: »More of the same«.

15 / WEITER WERKELN AN DER »BILDUNGSREPUBLIK DEUTSCHLAND«

»Als enttäuschend hat der Bundesvorsitzende des Deutschen Philologenverbandes, Heinz-Peter Meidinger, den bildungspolitischen Teil des Koalitionsvertrags bewertet. ›Weder das vor den Wahlen von der SPD geforderte große 80-Milliarden-Investitionsprogramm für Bildung noch die von der Bundeskanzlerin propagierte Bildungsrepublik nehmen im Koalitionsvertrag konkrete Konturen an. Mit Ausnahme des Hochschulbereichs bewegen sich die Vereinbarungen auf der Ebene von bloßen Absichtserklärungen‹, betonte Meidinger.
Der Verbandsvorsitzende bedauerte, dass es zu keiner Lockerung des Kooperationsverbots gekommen sei, so dass die Länder bei der Bewältigung der Mammutaufgaben Renovierung maroder Schulgebäude, Ganztagsschulausbau und Inklusion in den nächsten Jahren mit keinerlei Unterstützung vom Bund rechnen könnten.
Mit Ausnahme der wenigen finanzstarken Bundesländer befürchtet Meidinger deshalb eine weitere massive Verschlechterung der schulischen Rahmenbedingungen in den nächsten Jahren, so dass von einer Gleichwertigkeit der Lebensbedingungen und Zukunftschancen, bezogen auf den Bildungsbereich, bald kaum mehr die Rede sein könne.«

Pressemitteilung des Deutschen Philologenverbandes vom 27. November 2013.

Man kann es nicht mehr hören, und doch ist es richtig: Als Land ohne Rohstoffe ist Deutschland auf beruflich und akademisch qualifizierte Menschen besonders angewiesen. Unsere internationale Wettbewerbsfähigkeit hängt in hohem Maße von Bildung, Wissenschaft und Forschung ab. Deshalb hat die Bundeskanzlerin bereits 2008 »BRD« neu buchstabiert: Bildungsrepublik Deutschland.

Ein zentrales Ziel wurde inzwischen erreicht: 50 Prozent eines Abiturjahrgangs nehmen ein Studium auf. Aber die Zahl der Studienabbrecher ist nach wie vor viel zu hoch. Auch andere Zahlen stimmen nüchtern: Sechs Prozent verlassen jedes Jahr die Schule ohne Abschluss, 15 Prozent junger Erwachsener schaffen keinen Berufsabschluss. Obendrein sind 7,5 Millionen der erwerbsfähigen Deutschen funktionale Analphabeten. Sie können zwar einzelne Wörter und Sätze lesen und schreiben, aber selbst einfache Texte nicht verstehen – und das im Land »der Dichter und Denker«.

Die Bundesregierung kann an alldem nur wenig ändern. Bildung ist Ländersache. So steht es im Grundgesetz. So soll es nach dem Willen der Länder auch bleiben. Ohne sie ließe sich das Grundgesetz, wenn man es denn wollte, gar nicht ändern. Ungeachtet ihres Pochens auf weitgehende bildungspolitische Souveränität wollen die Länder vom Bund mehr Geld für die Bildung. Aber selbst das ist nicht so einfach. Die erste Große Koalition hatte mit der Einführung von »Gemeinschaftsaufgaben« dem Bund die Möglichkeit eingeräumt, den Neubau und Erhalt von Hochschulen mitzufinanzieren. Die zweite Große Koalition hat dann 2006 mit dem »Kooperationsverbot« jede dauerhafte finanzielle Beteiligung des Bundes an den Bildungsausgaben der Länder ausgeschlossen. Die aktuelle Große Koalition versucht nun abermals eine Kehrtwende – eine Lockerung des Kooperationsverbots. Man sieht: Die Gleichung »große Mehrheit = große Weisheit« geht nicht immer auf.

In jedem Fall will diese GroKo weiter an der »Bildungsrepublik« bauen. Weil der Bund fast nur indirekt über Finanzhilfen an die Länder etwas bewirken kann, ist das aus Sicht der in Berlin regierenden Parteien keine lohnende Investition. Denn Milliarden für die Bildung werden von den Studierenden, Lehrenden und Forschenden kaum der Bundesregierung zugerechnet. Deshalb ist hier – anders als bei Mütterrente oder Rente mit 63 – keine Dankbarkeit am Wahltag zu erwarten. Gerade deshalb fristet die Bildungspolitik auf Bundesebene auch eher ein Schattendasein.

Noch aus einem anderen Grund ist in der Bildungspolitik von der GroKo nichts Großes zu erwarten. Hier prallen nämlich – anders als etwa in der Sozialpolitik – verschiedene Welten aufeinander. Bei der Union hat das Leistungsprinzip einschließlich der Förderung von Eliten Priorität, bei den Sozialdemokraten gehen Gleichheit und Gerechtigkeit über alles. Dementsprechend giftig ging es schon bei den Koalitionsverhandlungen zu, zumal die SPD unbedingt wollte, dass der Bund die klammen Länder dauerhaft mit frischem Geld unterstützt. Entsprechend zäh und quälend verliefen die Gespräche. Die beiden Verhandlungsführerinnen, Bundesbildungsministerin Johanna Wanka (CDU) und die rheinlandpfälzische Kultusministerin Doris Ahnen (SPD), machten auch vor den Kameras aus ihren unterschiedlichen ideologischen Standpunkten und ihren persönlichen Animositäten keinen Hehl.

Am Ende stand ein schwammiger Kompromiss mit Positionen aus der Abteilung »Wunschkonzert«. Auf 12 Seiten finden sich viele Bekenntnisse und noch mehr Ankündigungen. Es wimmelt nur so von Pakten und Programmen, Allianzen, Innovationsstrategien und Garantien. Sie reichen von Chancengleichheit und verlässlichen Karrierewegen im Wissenschaftssystem über die Hightech- und Innovationsstrategie für Deutschland sowie den Ausbildungspakt inklusive Ausbildungsgarantie bis hin zu der Allianz für Aus- und Weiterbildung. Unterhalb dieser vielen Überschriften wird es mager. Der Kaiser ist nackt. Es fehlt an Projekten mit konkreten Finanzzusagen und Zeitvorgaben. Versprochen wurden den Ländern schließlich sechs Milliarden Euro für Hochschulen, Schulen und Kitas, ein Erfolg für die SPD. Die Union wiederum setzte ihr Vorzeigeprojekt durch: Das 2011 eingeführte Deutschlandstipendium für überdurchschnittlich gute Studierende wird beibehalten, die Zahl der Geförderten von derzeit knapp 20 000 bis 2017 auf 50 000 mehr als verdoppelt.

Was in den Koalitionsverhandlungen nicht gelang, schafften die Koalitionäre schließlich sechs Monate später: Sie konkretisierten in einigen Bereichen ihre unbestimmten Ankündigungen, im Großen und Ganzen im Sinn von SPD und Ländern. Für die nächsten drei Jahre übernimmt der Bund die Kosten des Bundesausbildungsförderungsgesetzes (Bafög) komplett. Macht fast 1,2 Milliarden Entlastung für die Länder – Jahr für Jahr. Obendrauf kommt noch eine Bafög-Reform. Vom Wintersemester 2016/17 an steigen die Bafögsätze um sieben Prozent, der Höchstsatz damit von 670 auf 755 Euro im Monat. Auch die Elternfreibeträge werden um sieben Prozent angehoben, ebenso der Wohnzuschlag. Das alles kostet den Bund jährlich 500 Millionen Euro, wobei man allerdings berücksichtigen muss, dass die Fördersätze seit 2010 nicht mehr erhöht worden sind.

Auch bei der Kinderbetreuung sattelt Bundesfinanzminister Schäuble zu Gunsten der Länder drauf. Der Sondertopf wird aufgefüllt – von 450 Millionen auf eine Milliarde Euro. Und als Sahnehäubchen gibt es für die Länder von 2017/18 an zusätzliche Anteile an der Umsatzsteuer. Im Gegenzug mussten die Länder versprechen, die zusätzlichen Gelder in Bildung und Wissenschaft zu investieren. Ob sie das auch tun werden? Im Zeichen der Schuldenbremse ist das wenig wahrscheinlich.

Einen weiteren typischen GroKo-Kompromiss gibt es beim Kooperationsverbot: Es wird aufgehoben, aber nur bei der Finanzierung der Hochschulen. Die Schulen bleiben ausschließlich Ländersache. Bundesmittel für den dringend notwendigen Ausbau der Ganztagsschulen, wie das 2003 der Fall war, kann und darf es also nicht geben. Dabei sind schulische Ganztagsangebote das beste Mittel, um Kindern aus »bildungsfernen Schichten«, wie es im Politdeutsch so schön heißt, den Weg zum Abitur und zur Hochschule zu ebnen. Denn noch immer hat ein Kind aus einem Akademikerhaushalt eine zwei- bis dreimal höhere Chance, ein Gymnasium zu besuchen, als das Kind einer Arbeiterfamilie: 77 Prozent des Akademiker-Nachwuchses schafft es an die Uni, aber nur 23 Prozent der Kinder aus Arbeiterfamilien. Auch Kindern aus Migrantenfamilien bietet gerade die Ganztagsschule die Hilfen, die sie zuhause nicht bekommen können. Doch kann der Bund wegen des Kooperationsverbots hier weiterhin nicht viel bewegen.

Für Wissenschaft und Forschung gibt es ebenfalls Geld. 1,3 Milliarden nimmt der Bund für den Hochschulpakt in die Hand, weitere drei Milliarden für die außeruniversitäre Forschung. Diese frischen Milliarden stopfen vor allem Löcher; die großen Strukturprobleme lösen sie nicht. Im Kern ist die Hochschulpolitik zu einer »Politik der Pakte« degeneriert. Diese Vereinbarungen zwischen Bund und Ländern leiden an einer entscheidenden Konstruktionsschwäche: Bestimmte Forschungsprojekte oder die besondere Förderung von Spitzenuniversitäten (»Exzellenzinitiative«) sind zeitlich begrenzt. Das hat negative Folgen für die Arbeitsbedingungen an deutschen Hochschulen. Knapp 90 Prozent des wissenschaftlichen Nachwuchses arbeiten auf der Basis befristeter Verträge; an den außeruniversitären Forschungseinrichtungen ist die Quote sogar noch höher. Da ist die Bezeichnung »prekäre Beschäftigung« häufig angebracht.

Im Koalitionsvertrag weisen Union und SPD dieses Schlüsselproblem »an erster Stelle« den Hochschulen und Forschungseinrichtungen zu. In ihrer Rolle als Arbeitgeber sei es ihre Aufgabe, aktiv gegenzusteuern. Die Koalition versprach, der Bund werde »im Rahmen seiner Förderung und bei Vereinbarungen (...) auf angemessene Laufzeiten der Anstellungsverträge achten«. Gegenüber der Wirtschaft ist die Politik nicht so großzügig wie gegenüber staatlichen Einrichtungen. Bei privaten Unternehmen sind befristete Beschäftigungsverhältnisse nur unter Auflagen möglich. Selbst wenn die schwarz-rote Regierung künftig genauer hinschauen will: So lange der Bund Wissenschaft und Forschung im Rahmen so vieler befristeter Projekte fördert, kann er nicht erwarten, dass dort Dauerarbeitsplätze entstehen.

Die schlechte Ausstattung vieler Hochschulen, insbesondere befristete Verträge und schmale Gehälter, sind ein Grund dafür, dass mehr junge Wissenschaftler und Forscher ins Ausland gehen als zu uns kommen. Obwohl noch die schwarz-gelbe Bundesregierung mit der Exzellenzinitiative und dem Pakt für Forschung und Innovation die richtigen Konsequenzen aus den Abwanderungstendenzen in den 90er Jahren gezogen hat, ist der »brain drain« noch längst nicht gestoppt. Noch immer wandern mehr Wissenschaftler und Erfinder aus als ein. Für die GroKo ist unsere schlechte Position im weltweiten Wettbewerb um die besten Köpfe dennoch kein Thema.

Noch etwas hat Schwarz-Rot ausgeklammert: die steuerliche Förderung von Aufwendungen für Forschung und Entwicklung (FuE). Jedes Jahr investieren Unternehmen bei uns mehr als 50 Milliarden in Forschung und Entwicklung, das sind mehr als zwei Drittel aller FuE-Aufwendungen. Seit vielen Jahren plädieren Fachleute dafür, diese FuE-Ausgaben steuerlich zu fördern. Im internationalen Maßstab, sowohl in der OECD als auch in der Europäischen Union, ist die steuerliche Begünstigung von Forschungsaufwendungen längst Standard. Da die steuerlichen Rahmenbedingungen in Österreich und Frankreich, den USA und Australien wesentlich besser als in Deutschland sind, droht folglich die Abwanderung von Forschungs- und Entwicklungsabteilungen wichtiger Unternehmen.

In ihren Wahlprogrammen hatten sich Union und SPD deshalb für die steuerliche Förderung von FuE-Ausgaben eingesetzt. In den Koalitionsverhandlungen konnten sie sich aber nicht einigen: weder über die Bedingungen, unter denen diese Ausgaben steuerlich abgesetzt werden können, noch über die Finanzierung dieses Steuerprivilegs. Nach bewährtem Muster hat Schwarz-Rot dieses Problem deshalb ausgespart. Bei Schwarz-Gelb war die steuerliche Forschungsförderung 2009 immerhin ein Punkt im Koalitionsvertrag. Dass es der bürgerlichen Koalition nicht gelang, ihr Versprechen umzusetzen, steht auf einem anderen Blatt.

Im Grunde verhält sich die GroKo in der Bildungspolitik wie in anderen Politikbereichen: Weil sie kein gemeinsames Ziel hat, wurstelt sie sich durch. Jeder der Koalitionspartner ist zufrieden, wenn er wenigstens ein, zwei Lieblingsprojekte zum Bestandteil der Regierungspolitik machen kann. An den zentralen Grundsatzstreit aller Bildungsdebatten wagt sich die Regierung nicht heran: Wie viele Akademiker braucht dieses Land wirklich? Wir sind einerseits stolz, dass die Zahl der Studierenden seit Jahren ansteigt. Das ist aber zum Teil auch die Folge einer *Überakademisierung*. Wenn erfahrene Hebammen nach 20-jähriger Berufstätigkeit sich in den Hörsaal setzen, um ihren Bachelorabschluss zu machen, sei ihnen dieses Erfolgserlebnis gegönnt, ebenso den Absolventen von Bachelorstudiengängen in 92 weiteren Pflegeberufen. Ob eine solche Steigerung der Akademikerquote die Wettbewerbsfähigkeit Deutschlands erhöht, darf freilich bezweifelt werden.

Weil heute jeder zweite Abiturient ein Studium aufnimmt und damit doppelt so viele wie vor 20 Jahren, sind die Hochschulen zu Massenuniversitäten geworden. Die Zahl der Studienabbrecher liegt in einigen Studiengängen bei 30 Prozent oder noch höher. Besonders hoch sind die Abbrecherquoten in den Ingenieurwissenschaften und in Mathematik, also genau in den besonders wichtigen MINT-Studiengängen (Mathematik, Informatik, Naturwissenschaft, Technik). Welche Perspektive haben junge Menschen, die an der Universität gescheitert sind? Bildungsministerin Wanka hat vorgeschlagen, Studienabbrecher sollten ihre zweite Chance im Handwerk suchen. Ihre Ausbildung soll verkürzt, die bereits erbrachten Studienleistungen auf die Ausbildungszeit angerechnet werden. Ihr Ministerium will Pilotprojekte starten. Müsste angesichts der hohen Abbrecherquoten nicht auch die Frage gestellt werden, ob vielleicht zu viele junge Menschen ein Studium beginnen, die eigentlich gar nicht an die Universität gehören? Für die GroKo stellt sich diese Frage nicht.

Der Akademisierungswahn zeitigt noch andere Folgen. Vor zehn Jahren noch entschieden sich von den Schulabgängern eines Jahrgangs ein Drittel für die Universität und zwei Drittel für eine Berufsausbildung. Im Jahr 2013 war die Zahl der Studienanfänger mit 510 000 erstmals höher als die der Auszubildenden. Das wird wohl auch so bleiben. Soll die »Bildungsrepublik« der Zukunft so aussehen, dass der Wirtschaft der Nachwuchs für »normale« Tätigkeiten ausgeht? Oder wäre es wirklich ein Fortschritt, wenn der Anteil der Akademiker unter den Handwerkern oder Kellnern steigt? Die GroKo schweigt auch dazu.

Wenn die Kraft zu einem klaren »Erstens, zweitens, drittens« fehlt, bietet sich ein kräftiges »sowohl – als auch« als Ausweg an. So hält es Schwarz-Rot in seiner Bildungspolitik, betont den Stellenwert der beruflichen Bildung und plant, den Ausbildungspakt zu einer Allianz für Aus- und Weiterbildung auszubauen. Im Kern geht es um das Versprechen einer staatlichen Ausbildungsgarantie. So heißt es im Koalitionsvertrag: »Kein junger Mensch darf zurückbleiben oder wertvolle Zeit in Warteschleifen verlieren.« Das ist sozialdemokratische Rhetorik pur, hat aber einen handfesten ökonomischen Hintergrund. Für die nächsten Jahre deuten alle Prognosen auf einen dramatischen Fachkräftemangel hin, insbesondere in den technischen Berufen. In diesem Kontext steht auch die Initiative »Chance Beruf«, mit der die Bundesregierung alle jungen Menschen individuell beraten lassen will. Schüler, Auszubildende, Studenten sollen alle möglichen Bildungspfade kennen lernen. Wichtiges Ziel ist es, junge Menschen für MINT-Fächer zu interessieren. Der Anfang soll bereits in den Kindertagesstätten gemacht werden.

Auch beim digitalen Lernen drückt die Bundesregierung aufs Tempo. Ihr Ziel ist die digitale Lernmittelfreiheit. Schöne Worte, ein konkreter Plan fehlt allerdings. Denn bekanntlich hat der Bund keine Kompetenzen in der Schulpolitik. Und mit welchen Mitteln die digitale Lernmittelfreiheit finanziert werden soll, darüber sagt der Koalitionsvertrag ebenfalls nichts. Wir sehen: Die GroKo baut weiter an der Bildungsrepublik Deutschland – mehr oder weniger ohne Blaupause und Finanzierungsplan.

16 / SYMBOLPOLITIK MIT DER QUOTE

»Der Frauenanteil in den Führungsebenen der deutschen Vorzeigeunternehmen hat zwischen 2009 und 2012 einen deutlichen Anstieg verzeichnet. Fand sich zuvor über Jahre hinweg maximal eine Frau unter den knapp 200 Vorständen, so stieg der Anteil 2012 auf 14 Frauen oder gut sieben Prozent. Seitdem scheint der Anteil weiblicher Vorstände jedoch zu stagnieren und ist im vergangenen Jahr erstmals wieder von 14 auf zehn zurückgegangen und liegt nun bei 5,4 Prozent. ›Rückblickend liegt die Vermutung nahe, dass in einigen Fällen unbedingt eine Frau berufen werden sollte, die nun wieder relativ schnell aus dem Vorstand ausscheidet‹, bemerkt Co-Studienautor Christoph Lesch, Director bei Simon-Kucher. Auf Top-Management spezialisierte Personalberater berichten von starkem Druck seitens der Unternehmen, doch mindestens eine Kandidatin vorzustellen. ›Da war dann offensichtlich manchmal das Geschlecht wichtiger als die beste fachliche Eignung‹, vermutet Lesch.«

Mitteilung des Beratungsunternehmens
Simon-Kucher & Partners in Bonn vom 14. Juli 2014.

Zahlen lügen nicht: Rund die Hälfte aller Beschäftigten sind weiblich. In den 30 größten börsennotierten Unternehmen stellen Frauen aber nur fünf Prozent der Vorstände und knapp 25 Prozent der Aufsichtsratsmitglieder (Stand: Juli 2014). In anderen großen und mittleren Unternehmen sieht es nicht viel anders aus. Da ruft die Gleichberechtigungslobby laut »Skandal« und nach einer Quote, lautstark unterstützt von Klagefrauen und Klagemännern in den Medien. Frauenquote – das ist das Gebot der Stunde.

Die GroKo hat schnell gehandelt. Schließlich hatte die Frauenquote in unterschiedlicher Ausgestaltung Eingang in die Wahlprogramme aller drei Regierungsparteien gefunden: bei der SPD aus tiefer Überzeugung, dass der Staat im Sinne von Chancen- und Gendergerechtigkeit möglichst viel regeln soll, bei CDU und CSU eher aus opportunistischen Gründen. Wenn die Frauenquote »in« ist, dann stellen sich die schwarzen Volksparteien CDU und CSU nicht quer. Das Ergebnis liest sich im Koalitionsvertrag so: »Wir wollen den Anteil weiblicher Führungskräfte in Deutschland erhöhen. Deshalb werden wir (...) Geschlechterquoten in Vorständen und Aufsichtsräten in Unternehmen gesetzlich einführen.«

Mit dem Begriff »Geschlechterquote« verbergen die Regierungsparteien, dass sie Frauen gezielt bevorzugen wollen. Das kann aber nur gelingen, wenn andere benachteiligt werden – in diesem Fall die Männer. Da darf man schon mal fragen, wie sich das mit Artikel 3 des Grundgesetzes verträgt, wonach niemand wegen seines Geschlechts benachteiligt oder bevorzugt werden darf. »Geschlechterquote« hingegen suggeriert, dass Männer in den Führungsgremien der Wirtschaft gegenüber Frauen ebenfalls nicht benachteiligt werden dürfen. Nur: Vorstände und Aufsichtsräte, in denen ausschließlich Frauen sitzen, gibt es in keinem einzigen Großunternehmen. Oder will die GroKo einer in der Zukunft möglicherweise drohenden Übermacht der Frauen vorbeugen?

Von dieser politisch korrekten Sprachakrobatik einmal abgesehen, ist das politische Ziel der GroKo klar: In den Aufsichtsräten voll mitbestimmungspflichtiger und börsennotierter Unternehmen müssen ab dem Jahr 2016 frei werdende Sitze so lange mit Frauen besetzt werden, bis die Quote von 30 Prozent erreicht ist, und zwar auf der Arbeitgeber- wie auf der Arbeitnehmerseite. Sollten die Anteilseigner, also die Eigentümer der Unternehmen, es wagen, nicht genügend Frauen in die Aufsichtsgremien zu entsenden, sollen nach dem Willen der GroKo »die für das unterrepräsentierte Geschlecht vorgesehenen Stühle frei bleiben.« Um das zu verhindern, müssen die betroffenen Unternehmen nach einer Studie des Beratungsunternehmens Kienbaum die Zahl der Frauen auf der Anteilseignerseite von aktuell 89 auf 187 erhöhen.

Knapp hundert neue, hoch bezahlte Posten für Frauen: Da drängen sich einige Fragen auf. Können Frauen, die nie eine entsprechende Führungsfunktion ausgeübt haben, einen Unternehmensvorstand wirklich kontrollieren und beraten? Woher sollen all die neuen Aufsichtsrätinnen kommen? Oder wird es zu Berufungen nach dem Vorbild von Doris Schröder-Köpf kommen? Schließlich hat der Warenhauskonzern Karstadt seinen Aufsichtsrat mal für kurze Zeit durch die Berufung der ehemaligen Journalistin und Gattin des Ex-Kanzlers quotenmäßig aufgehübscht. Und werden mehr Aufsichtsrätinnen die Sekretärinnen bei der Deutschen Bank, die Chemikerinnen bei der BASF oder die Konstrukteurinnen bei Volkswagen glücklicher machen? Sollte es tatsächlich so gewesen sein, dass sich die Situation der Karstadt-Verkäuferinnen oder -Putzfrauen in der Aufsichtsära von Frau Schröder-Köpf verbessert hat, dann ist dieser Fortschritt bis heute wie eine geheime Verschlusssache behandelt worden. Wahrscheinlich war es eher so, dass die durchschnittliche Karstadtfrau gar nicht wusste, wer da zeitweilig im Aufsichtsrat für sie eintrat.

Die GroKo will noch mehr für Frauen tun. Börsennotierte oder mitbestimmungspflichtige Unternehmen werden gesetzlich verpflichtet, konkret festzulegen, um wie viel Prozent sie den Frauenanteil im Aufsichtsrat, Vorstand und in den obersten Managementebenen bis Ende 2017 erhöhen wollen. Das klingt nach einer »freiwilligen« Selbstverpflichtung zur Normerfüllung, wie das in Planwirtschaften seligen Angedenkens so üblich war. Welche Strafe einem Unternehmen droht, das diese vom Staat verordnete »Flexi-Quote« nicht erfüllt, ist noch nicht klar. Und ebenso offen ist, wie Schwarz-Rot ein weiteres Element seines großen Plans zur Frauenförderung umsetzen will: »Darüber hinaus werden wir Maßnahmen für die Privatwirtschaft ergreifen, die eine Förderung von Frauen in allen Betriebshierarchien zum Ziel haben.«

Nun sind Frauen in unternehmerischen Führungspositionen nach wie vor eher die Ausnahme. Ist das alles das Ergebnis einer Verschwörung griesgrämiger alter Männer? Arbeiten etwa Männerseilschaften daran, Frauen an Heim und Herd zu halten? So einfach ist es natürlich nicht. Für die

Männerdominanz in Vorstandsetagen gibt es ganz andere Gründe. Zwar stellen die Frauen heute 50 Prozent aller Studierenden. Das aber sagt über das aktuelle Reservoir an weiblichen Führungskräften nicht viel. Die potenziellen Geschäftsführerinnen oder weiblichen Vorstandsmitglieder sind heute Mitte 40 und bringen langjährige Berufserfahrung mit, haben also ihr Studium vor zwei Jahrzehnten abgeschlossen, als der Frauenanteil unter den Hochschulabsolventen noch deutlich geringer war.

Aber unabhängig von der Zahl der Akademikerinnen im »Vorstandsalter«: Die meisten von ihnen entschieden und entscheiden sich für Studiengänge, mit denen man es in der Wirtschaft nicht weit bringen kann. So sind Frauen in Fächern wie Mathematik, Informatik, Naturwissenschaft oder Technik heillos unterrepräsentiert. Unter fünf angehenden Diplom-Ingenieuren ist nur eine Frau. Unverändert zieht es Frauen mehr zu den geisteswissenschaftlichen Fächern. Doch selbst die tüchtigste Diplom-Bibliothekarin bringt meistens nicht mit, was man als Topmanagerin braucht. Der Anteil der Frauen unter Betriebswirten, Volkswirten und Juristen ist zwar deutlich höher. Aber gerade Juristinnen werden lieber Anwältin, Richterin oder Staatsanwältin. Diese Tätigkeiten lassen sich nämlich besser mit familiären Verpflichtungen verbinden als Positionen in Unternehmen mit eher starren und langen Arbeitszeiten.

An einer weiteren Tatsache können ebenfalls kein Gesetz und keine Quote etwas ändern: Viele berufstätige Frauen verzichten spätestens nach dem zweiten Kind ganz auf eine

Karriere. Zum Teil aus freien Stücken, zum Teil wegen fehlender Möglichkeiten zur Kinderbetreuung. Mehr Betriebskitas würden deshalb jungen Frauen auf dem Weg nach oben mehr helfen als die Zwangsbesetzung einiger weniger Spitzenpositionen nach Geschlecht.

Ein ganz anderes, nur schwer zu überwindendes Hindernis für den beruflichen Aufstieg von Frauen liegt in der herkömmlichen Arbeitsteilung zwischen Männern und Frauen. Die »neuen« Väter betrachten Kinder und Haushalt nicht mehr so strikt als »Frauensache« wie ihre Väter und Großväter und kümmern sich viel stärker um familiäre Angelegenheiten. Aber in den meisten Familien ist es nach wie vor die Frau, die nach der Geburt eines Kindes ihre Berufstätigkeit und damit ihre Aufstiegschancen reduziert, weil ihr die Dreifachbelastung als Berufstätige, Hausfrau und Mutter zu viel wird. Das zu ändern, ist aber allein Sache der Betroffenen. Das kann keine Regierung »par ordre du mufti« tun – nicht einmal diese Große Koalition mit ihrer ganz großen Mehrheit.

In der frauenfreundlichen GroKo-Welt sind das alles keine objektiven Hindernisse auf dem Weg zu mehr »Frauen-Power«; bei hinreichend gutem Willen lassen sie sich aus schwarz-roter Sicht alle überwinden. Folglich soll es für etwa 3500 Unternehmen künftig eine »Flexi-Quote« geben. Diese mittelständischen Firmen sollen sich nur zur Berufung von mehr Frauen in Vorstände und Aufsichtsräte verpflichten und sich selbst eine Norm setzen. Sie müssen sich zudem darauf einrichten, dass in ihren Vorständen und Aufsichtsräten, sofern diese aus mindestens drei Mitgliedern bestehen, künftig »mindestens ein Mann und eine Frau sitzen« müssen, wie es im gemeinsamen Gesetzesentwurf von Bundesjustizminister Heiko Maas und Bundesfrauenministerin Manuela Schwesig (beide SPD) heißt.

Was die Frauenförderer übersehen haben: Nach Angaben des Bundesverbands der Deutschen Industrie (BDI) bestehen bei mehr als 80 Prozent der betroffenen Unternehmen die Vorstände aus höchstens drei Mitgliedern und bei knapp 60 Prozent zählen die Aufsichtsräte nur drei Mitglieder. In all diesen Fällen müsste mindestens ein Mann gegen eine Frau ausgewechselt werden. Sollte das Gesetz werden, werden manche Mittelständler sich weigern, sich von erfahrenen und bewährten Männern in Vorständen und Aufsichtsräten einfach zu trennen. Da wird mancher lieber den aus drei Personen bestehenden Vorstand um ein »Frauen-Ressort« erweitern. Ohnehin weiß niemand, woher diese große Zahl weiblicher Vorstands- und Aufsichtsratsmitglieder in den kommenden zwei bis drei Jahren kommen soll. Aber dass viele dieser »Quoten-Frauen« in ihren Unternehmen nur Vorstände zweiter Klasse sein werden, lässt sich erahnen.

Schon in den vergangenen Jahren haben die etwas krampfhaft anmutenden Bemühungen von Großunternehmen, sich als Frauenförderer zu profilieren, zu unterschiedlichen Ergebnissen geführt. Die Daimler AG berief 2011 die frühere hessische Justiz- und Wissenschaftsministerin sowie spätere Verfassungsrichterin Christine Hohmann-Dennhardt in den

Vorstand. Das war gut fürs Image. Aber das Ressort von Frau Hohmann-Dennhardt ist kein klassisches, sondern ein eigens für sie geschaffenes: »Integrität und Recht.« In den meisten Großunternehmen sind dagegen Personal und Recht in einem Vorstandsbereich angesiedelt. Das Daimler-Vorgehen erinnert an die Zeiten, als für Frauen in Bundes- und Landeskabinetten mehr als »Frauen-Ressorts« wie Gesundheit oder Soziales nicht »drin« waren.

Die von Großunternehmen vor einigen Jahren zur Abwehr gesetzlicher Quoten gestartete Frauenoffensive zeitigte ohnehin gemischte Resultate. Seit 2010 wurden insgesamt 19 Frauen erstmals in DAX-Vorstände berufen. Mitte 2014 waren bereits sieben wieder ausgeschieden – aus unterschiedlichen Gründen. Ein Beispiel: Die Berufung der ehemaligen CDU-Kultusministerin von Baden-Württemberg, Marion Schick, als Personalvorstand der Deutschen Telekom sorgte 2012 für Aufsehen, ihr Abgang zwei Jahre später aus »gesundheitlichen« Gründen ebenso. Das war kein Einzelfall. Während männliche DAX-Vorstände durchschnittlich acht Jahre im Amt sind, bringen es weibliche Vorstandsmitglieder nur auf einen Durchschnittswert von drei Jahren. Wahrscheinlich haben es gerade Frauen, die als Quereinsteigerinnen in Vorstände kommen, besonders schwer. Aber es spricht auch viel für die Vermutung, dass manche Frau von außen in den Vorstand geholt wurde, weil das Unternehmen unbedingt seine Frauenfreundlichkeit demonstrieren wollte. Da dürfte die Qualifikation in einigen Fällen eine eher untergeordnete Rolle gespielt haben.

Auch rechtlich ist Frauenförderung à la Schwarz-Rot nicht unproblematisch. Wer Eigentümern von Unternehmen vorschreibt, dass das Geschlecht bei der Auswahl bestimmter Führungskräfte das letztlich ausschlaggebende Kriterium sein muss, könnte damit vor dem Verfassungsgericht scheitern. Wenn die Hauptversammlung, also das Organ der Eigentümer, Herrn Müller als Finanzvorstand für qualifizierter hält als Frau Meier oder Frau Schulz lieber im Aufsichtsrat hätte als Herrn Schmidt, dann muss es den Eigentümern doch erlaubt sein, den Tüchtigsten beziehungsweise die Tüchtigste auf diese Position zu setzen. Das Geschlecht als K.-o.-Kriterium bedeutet letztlich die Beschneidung der Eigentumsrechte wie des Leistungsprinzips. Aus »Leistung muss sich lohnen« wird so – politically correct – »auf das Geschlecht kommt es an«. Willkommen in der neuen deutschen Frauenwirtschaft.

Wenn die Große Koalition wenigstens im eigenen Haus »geschlechtsspezifisch« für Ordnung sorgen würde. Doch ist die Frauenförderung dieser Regierung ebenso wie die der Vorgängerregierungen alles andere als überzeugend. Wenn es wirklich nur am guten beziehungsweise schlechten Willen der Wirtschaft liegt, dass nicht genügend Frauen weit genug nach oben kommen, dann könnten die Regierungen doch mit gutem Beispiel vorangehen. Unter den 16 Mitgliedern des Bundeskabinetts sind sechs Frauen, einschließlich der Bundeskanzlerin. Warum sich aber mit einer »Geschlechterquote« von 38 Prozent zufriedengeben? Warum keine vorbildlichen 50 Prozent?

Dass Papier geduldig ist, besonders solches, auf dem groß »Frauenförderungsplan« steht, zeigt sich auch auf der zweiten und dritten Ebene der Regierung. Unter den 62 Staatssekretären – parlamentarischen wie beamteten – im Bundeskanzleramt sowie den 14 Ministerien – sind 20 Frauen, also gerade einmal 32 Prozent. Noch weniger zu melden haben Frauen auf der Ebene der Abteilungsleiter, also bei den »Machern« jeder Regierung. 113 dieser zentralen Positionen sind zur Zeit besetzt, davon ganze 24 von Frauen, gleich 21 Prozent. Im Kanzleramt, der Schaltzentrale der Macht, befindet sich unter den sechs einflussreichsten Abteilungsleitern keine einzige Frau, im Auswärtigen Amt nur zwei unter zehn und im Verteidigungsministerium eine unter neun. Woher diese Regierung angesichts solcher Zahlen sich das Recht nimmt, Unternehmen per Gesetz mehr Frauenförderung zu verordnen, bleibt ihr Geheimnis. Glaubwürdigkeit sieht anders aus.

Und welche Rolle spielen Frauen eigentlich in den Unternehmen, bei denen der Bund das Sagen oder doch entscheidenden Einfluss hat? Da hat sich schon zu Zeiten der schwarz-gelben Koalition einiges zu Gunsten der Frauen verändert, als die damalige Bundesarbeitsministerin Ursula von der Leyen unbedingt mehr für die Frauen tun wollte als die eigentlich zuständige Bundesfrauenministerin Kristina Schröder. Der Streit der beiden CDU-Damen über das Maß staatlichen Zwangs zur geschlechtergerechten Besetzung der Unternehmensspitzen verhalf plötzlich einigen Frauen zu Sitzen in den entsprechenden Gremien. Vorbildlich ist der Bund freilich immer noch nicht. Bei der Deutschen Bahn und der Deutschen Telekom sitzt jeweils eine Frau fünf männlichen Vorständen gegenüber, bei der KfW Bankengruppe sind es zwei Frauen und vier Männer. Bei der Deutschen Post ist keine einzige Frau im Vorstand, da die erst 2012 berufene Post-»Vorständin« Angela Titzrath ihr Amt im Sommer 2014 aus »persönlichen Gründen« niederlegte.

Ebenfalls kein Ruhmesblatt ist die Zusammensetzung der »Kapitalseite« in den mitbestimmten Aufsichtsräten der Bundesunternehmen. Bei der Bahn wird der Anteilseigner Bund ausschließlich durch Männer vertreten, bei Post und Telekom sitzen für die Anteilseigner jeweils zwei Frauen in diesem Gremium. Bei der KfW Bankengruppe hält gerade mal eine Frau unter 36 Verwaltungsräten die Stellung. Wie tröstlich, dass die GroKo das alles ändern will. So verspricht der Koalitionsvertrag: »Die Koalition wird im Einflussbereich des Bundes eine gezielte Gleichstellungspolitik vorantreiben, um den Anteil von Frauen in Führungspositionen und in Gremien zu erhöhen und Entgeltungleichheit abzubauen. Dazu entwickeln wir einen Gleichstellungsindex und führen für die Bundesverwaltung eine proaktive Umsetzung des Bundesgleichstellungsgesetzes und des Bundesgremienbesetzungsgesetzes durch.« Das liest sich schön. Dabei bräuchte die GroKo lediglich die Vorschriften des seit 1994 geltenden »Bundesgremienbesetzungsgesetzes« zu beachten. Das schreibt seit 20 Jahren vor, dass der Bund auf eine »gleichberechtigte Teilhabe von Frauen und Männern« hinwirken müsse. Daran gehalten hat sich keine Regierung, weder die schwarzgelbe unter Kohl und Merkel, noch die rot-grüne unter

Schröder und ebenso wenig die schwarz-rote zwischen 2005 und 2009.

Auch jetzt scheint es Schwarz-Rot mit der »proaktiven« Frauenförderung im eigenen Revier nicht sehr eilig zu haben. Aufstiegswillige Frauen »im Einflussbereich des Bundes« müssen auf konkrete Hilfen aus Berlin noch warten. Umso eifriger machten sich die hier federführenden SPD-Kabinettsmitglieder Schwesig und Maas, kaum dass sie im Amt waren, an die Quotenregelung für die Wirtschaft heran. Was wiederum nicht wirklich überraschen kann: Politikern fällt es immer leichter, Regeln für andere aufzustellen als für sich selbst.

17 / DEMOGRAFISCHER WANDEL: GROSSE WORTE, WENIG TATEN

»Das alternde Deutschland bleibt daher auf Zuwanderung von Arbeitskräften von außerhalb der EU angewiesen. Darauf ist Deutschland noch zu wenig eingestellt. Vieles ist zu tun, damit das Land mehr Fachkräfte anzieht. (…)
Zuwanderung kann einiges zur Verminderung von Engpässen am Arbeitsmarkt beitragen. Sie ist aber kein Allheilmittel gegen die aus dem demographischen Wandel resultierenden Verwerfungen am Arbeitsmarkt, bei der Alterssicherung und im Gesundheitswesen. Strukturreformen für mehr Flexibilität bei Beschäftigungsverhältnissen, für höhere Erwerbsquoten Älterer und von Frauen mit Kindern, eine weitere Erhöhung des (tatsächlichen) Renteneintrittsalters und für mehr private Vorsorge im Sozialbereich bleiben daher auf der Tagesordnung.«

»Temporärer Zuwanderungsboom: Weckruf für die Politik?«,
Deutsche Bank Research, Juli 2014.

Deutschland schrumpft und altert: Bis 2060 wird die Bevölkerung von etwa 81 Millionen Menschen um 12 bis 17 Millionen zurückgehen. Zugleich wird in etwa 50 Jahren fast jeder Dritte 65 Jahre und älter sein. Mögen diese Prognosen vielleicht zu pessimistisch sein, dieser Trend ist jedenfalls unumkehrbar. Selbst wenn es gelänge, die Geburtenrate deutlich anzuheben, ist inzwischen die Zahl der potenziellen

Mütter zu gering, um an dieser Entwicklung etwas Grundlegendes zu ändern.

Diese Lage ist für die Große Koalition keineswegs neu. Bereits seit den 1970er Jahren ist die Geburtenrate zu niedrig, um die Bevölkerung stabil zu halten. In all den Jahrzehnten, in denen immer weniger Kinder geboren wurden und die Lebenserwartung der Menschen immer mehr stieg, stellten entweder die Union oder die Sozialdemokraten den Regierungschef. Doch alle Bundesregierungen haben in jenen Zeiten, als der demografische Wandel noch hätte gebremst werden können, keine entsprechenden Konzepte entwickelt. Hier zeigt sich eine grundlegende Schwäche demokratischer Gesellschaften: Je ferner die Folgen einer negativen Entwicklung, desto geringer die Bereitschaft, heute etwas dagegen zu tun.

So treten die GroKo-Parteien das Erbe ihres eigenen Tuns beziehungsweise Unterlassens an. In der Präambel des Koalitionsvertrags weisen sie auf die »tiefgreifenden Herausforderungen« des demografischen Wandels hin und stellen fest: »Unsere Bevölkerung ist die älteste in Europa«. Auf die Überalterung der Gesellschaft, den daraus resultierenden Fachkräftemangel oder die Belastung der Sozialsysteme wird in diesem schwarz-roten Arbeitsprogramm an vielen Stellen verwiesen. Konkrete Folgerungen werden daraus aber kaum abgeleitet.

Wenn eine Gesellschaft älter und zugleich kleiner wird, hat das erhebliche Auswirkungen auf die Finanzierung der Sozialleistungen. Das Verhältnis von Rentnern zu Berufstätigen und damit zu Beitragszahlern lässt sich 20 oder 30 Jahre im Voraus nicht genau vorhersagen. Das hängt unter anderem davon ab, wie viele Zuwanderer nach Deutschland kommen und wie viele Menschen in Zukunft tatsächlich arbeiten. Auch spielt es bei der Finanzierung von Renten-, Kranken- und Pflegeversicherung eine gewichtige Rolle, wie produktiv unsere Wirtschaft dann ist und wie hoch die beitragspflichtigen Einkommen sind. Doch auch dieser Trend ist eindeutig: Kamen Anfang der 1990er Jahre noch vier Erwerbsfähige auf einen Rentner, so könnten es im Jahr 2030 nur noch zwei sein. In der Mitte des 21. Jahrhunderts muss dann wohl ein Aktiver einen Ruheständler finanzieren.

Es ist völlig offen, wie unsere sozialen Sicherungssysteme ihre Leistungsversprechen in Zukunft noch erfüllen wollen – trotz bereits erfolgter Absenkungen des Rentenniveaus. Der Finanzwissenschaftler Bernd Raffelhüschen kommt für die Sozialkassen (Gesetzliche Renten-, Pflege- und Krankenversicherung) auf eine Deckungslücke von fünf Billionen Euro. Zudem schleppt der Staat Pensionsverpflichtungen für Beamte in Milliardenhöhe mit sich, für die er so gut wie keine Rücklagen gebildet hat.

Wenn Deutschland altert und schrumpft, hat das wirtschaftliche Konsequenzen. Die drängendste und bereits spürbarste Folge ist der damit einhergehende Mangel an Arbeitskräften, nicht zuletzt an Fachkräften. Schon heute suchen viele Unternehmen händeringend nach qualifizierten Mitarbeitern, können Jahr für Jahr Zehntausende von Lehrstellen nicht besetzt werden. Der Mittelstand beziffert inzwischen seine jährlichen Umsatzeinbußen wegen fehlender Fachkräfte auf mehr als 30 Milliarden Euro. Nach einer Prognos-Studie werden der Wirtschaft im Jahr 2020 1,7 Millionen Fachkräfte fehlen. Diese Zahl soll bis 2035 auf gut vier Millionen anwachsen. Das wird das Wachstum spürbar bremsen und sich negativ auf die Steuereinnahmen auswirken – bei steigendem Finanzbedarf. Wenn das Land weniger und ältere Einwohner hat, sinkt obendrein der Konsum, was wiederum einen Rückgang der Investitionen nach sich zieht. Diese Abwärtsspirale ist kaum zu bremsen.

Der Bevölkerungsschwund droht in strukturschwachen Regionen besonders stark auszufallen. Das werden vor allem die neuen Bundesländer zu spüren bekommen, in denen in 50 Jahren ein Drittel weniger Menschen leben werden als heute. Vor allem Sachsen-Anhalt, Thüringen und Mecklenburg-Vorpommern droht ein überdurchschnittlicher Schwund. Die demografische Entwicklung trifft also die Gebiete besonders hart, die heute schon unter der Abwanderung junger Menschen leiden. Der Staat wird in diesen Gebieten die Infrastruktur nicht aufrechterhalten können. Es werden noch mehr Schulen und Kindergärten geschlossen werden müssen. Wo weniger Menschen leben, steigen zwangsläufig auch die Kosten pro Kopf für die öffentliche Verwaltung, öffentliche Dienstleistungen, Nahverkehr oder die Versorgung mit Energie und Wasser. Schlechtere Lebensbedingungen, vor allem in ländlichen Gebieten, werden folglich die Abwanderung verstärken. Das Fazit von Reiner Klingholz vom Berlin-Institut für Bevölkerung und Entwicklung: »Ländliche Gebiete in Sachsen-Anhalt, in Vorpommern oder Brandenburg brauchten mittlerweile eine regelrechte Besiedelungspolitik nach dem Vorbild von Friedrich II.«

Die schwarz-rote Regierung handelt angesichts dieser Herausforderungen widersprüchlich. Die Beschwörung der »Fachkräftesicherung« als »große gesamtgesellschaftliche Aufgabe dieser Legislaturperiode« hat zu keinem umfassenden Konzept geführt. Gleichwohl zielen einzelne Ansätze in die richtige Richtung, wie zum Beispiel verstärkte Anstrengungen, Menschen ohne oder mit geringer beruflicher Qualifikation aus- und weiterzubilden. Die geplante »Flexi-Rente« soll es für ältere Arbeitnehmer attraktiver machen, länger zu arbeiten. Die staatliche Familienpolitik sorgt immerhin für eine bessere Vereinbarkeit von Beruf und Familie, was sich positiv am Arbeitsmarkt auswirken wird. Der Abwärtstrend bei der Geburtenzahl setzt sich indes ungebremst fort.

Doch all diese Bemühungen werden den absehbaren Mangel an Arbeitskräften nicht ausgleichen können. Trotz aller Qualifizierungsoffensiven: Nicht jeder Langzeitarbeitslose lässt sich für anspruchsvolle Aufgaben umschulen. Die Fachkräftelücke kann zu einem großen Teil nur durch Zuwanderung ausgeglichen werden – durch Zuwanderung von qualifizierten Menschen. Auch dafür spricht sich dic GroKo aus – aber einen »Masterplan«, wie sie das bewerkstelligen kann, hat sie nicht. Viel schlimmer: Angesichts der demografischen Veränderungen handelt Schwarz-Rot stellenweise irrational. Die Mütterrente belastet die Rentenkassen zusätzlich, die Rente mit 63 verschärft den Mangel an Fachkräften.

Ohne qualifizierte Einwanderer werden sich weder der Fachkräftemangel beheben noch der Bevölkerungsrückgang stoppen lassen. Das Groteske dabei: In die Bundesrepublik wanderten in den vergangenen Jahren in – absoluten – Zahlen mehr Menschen ein als in jedes andere Land, von den Vereinigten Staaten einmal abgesehen. 2013 hat die Zuwanderung mit netto fast 440 000 Menschen (1,23 Millionen Einwanderer, 0,79 Millionen Auswanderer) den bisher höchsten Stand erreicht. Aber es handelt sich – anders als in klassischen Einwanderungsländern wie den USA und Kanada – nicht um von uns gesteuerte, gezielte Zuwanderung, nicht um einen »brain gain«, also einen Zuwachs an klugen Köpfen. Vielmehr haben überproportional viele Zuwanderer keinen Bildungsabschluss. Zur Behebung des Fachkräftemangels können sie wenig beitragen.

Das ist eben der Unterschied zu Nordamerika: Dort bestimmen Washington und Quebec, wen sie als Zuwanderer haben wollen und wen nicht. Wer zu uns kommt, das entscheiden – immer noch – in erster Linie die Zuwanderer selbst, auch ein Ergebnis der Freizügigkeit innerhalb der EU.

Immerhin haben die Unternehmen seit 2012 mit der »Blue Card«-Regelung viel bessere Möglichkeiten, Fachkräfte aus Nicht-EU-Ländern anzuwerben. Damit hat die Bundesrepublik nach Ansicht der Vorsitzenden des »Sachverständigenrats deutscher Stiftungen für Integration und Migration«, Christine Langenfeld, »das vielleicht liberalste Zuwanderungsrecht der Welt«. Ihr Fazit: »Die einwanderungsrechtlichen Voraussetzungen für eine dauerhafte Attraktivität Deutschlands im internationalen Wettbewerb um hochqualifizierte Fachkräfte sind vorhanden.«

In der Praxis hat sich die »Blue Card« bisher nicht als Wundermittel entpuppt. In den ersten zwei Jahren seit ihrer Einführung haben 16 000 Menschen mit Hilfe dieses Instruments hierzulande eine Stelle angetreten. Es sind in erster Linie Großunternehmen, die mit Hilfe dieses neuen Instruments Arbeitskräfte aus nichteuropäischen Ländern nach Deutschland holen. Wer bereits mit Niederlassungen im Ausland vertreten ist, hat ohnehin einen besseren Zugang zu den dortigen Arbeitsmärkten. Die Wirtschaft klagt dagegen, dass das bürokratische Verfahren gerade mittlere Unternehmen im Wettbewerb um ausländische Mitarbeiter benachteilige. Der Chef der Bundesagentur für Arbeit, Frank-Jürgen Weise, plädiert angesichts der relativ geringen Anwerbeerfolge unter anderem dafür, die Gehaltsgrenze für »Blue Card«-Bewerber langsam herunterzusetzen. Zurzeit liegt diese bei einem Jahresgehalt von brutto rund 46 000 Euro, in Mangelberufen wie Naturwissenschaftlern, Mathematikern, Ingenieuren, Ärzten und IT-Fachkräften bei gut 36 000 Euro.

Der Befund ist eindeutig: Deutschland tut viel zu wenig, um die jungen Eliten in Asien, Südamerika oder Nordafrika für die Bundesrepublik zu interessieren und als Arbeitskräfte zu gewinnen. Es gibt kein »Zuwanderungsmarketing« und keine gezielte Anwerbung. Unsere Botschaften, Konsulate und Außenwirtschaftskammern könnten von den Amerikanern und Kanadiern lernen, wie man Anwerbekampagnen führt. Die Behebung des Fachkräftemangels durch gezielte Zuwanderung steht auf der To-do-list der GroKo – aber noch hat sich nicht viel getan.

AUF DEN PUNKT GEBRACHT

Das Jahr 2014 könnte als Wendejahr in die Annalen eingehen, als die Zeit, in der ein Jahrzehnt einschneidender und sehr erfolgreicher Reformen zu Ende ging.

Im Krisenjahr 2003 hatte Gerhard Schröder mit der »Agenda 2010« einen Kurswechsel eingeleitet. Ein Jahrzehnt später legt die Regierung Merkel/Gabriel den Rückwärtsgang ein.

Die Große Koalition macht genau die Politik, die Deutschland bisher bei den europäischen Nachbarn kritisierte: die Gegenwart auf Kosten der Zukunft bequem zu gestalten. Rente mit 63, Mütterrente, ein gesetzlicher Mindestlohn: Für alles lassen sich gute Gründe anführen. Nur: Solide gerechnet und finanziert ist das alles nicht.

So erweckt die Große Koalition in den anderen Euro-Ländern den Eindruck, wir muteten ihnen harte Reformen zu, wechselten aber selbst vom steilen Reformpfad auf die bequeme Standspur. Das schwächt Deutschlands Einfluss innerhalb der EU.

War 2014 das Jahr, in dem Deutschland begonnen hat, seine Zukunft zu verspielen? Gut möglich, dass wir das eines Tages sagen werden. Gut möglich, dass wir das eines Tages sagen müssen. Jedenfalls dann, wenn die schwarz-rote Kuschelkoalition weitere drei Jahre »Wünsch dir was« spielt.